UMA FLOR NASCEU NA RUA!

Blucher

UMA FLOR NASCEU NA RUA!

A psicanálise que continua a brotar por aí

Pedro Colli Badino de Souza Leite

Uma flor nasceu na rua!: a psicanálise que continua a brotar por aí
© 2021 Pedro Colli Badino de Souza Leite
Editora Edgard Blücher Ltda.

Imagem da capa: Wikimedia Commons

Publisher Edgard Blücher
Editor Eduardo Blücher
Coordenação editorial Jonatas Eliakim
Produção editorial Bárbara Waida
Preparação de texto Ana Maria Fiorini
Diagramação Negrito Produção Editorial
Revisão de texto MPMB
Capa Leandro Cunha

Blucher

Rua Pedroso Alvarenga, 1245, 4º andar
04531-934 – São Paulo – SP – Brasil
Tel.: 55 11 3078-5366
contato@blucher.com.br
www.blucher.com.br

Segundo o Novo Acordo Ortográfico, conforme
5. ed. do *Vocabulário Ortográfico da Língua
Portuguesa*, Academia Brasileira de Letras,
março de 2009.

É proibida a reprodução total ou parcial por
quaisquer meios sem autorização escrita da
editora.

Todos os direitos reservados pela Editora Edgard
Blücher Ltda.

Dados Internacionais de Catalogação
na Publicação (CIP)
Angélica Ilacqua CRB-8/7057

Leite, Pedro Colli Badino de Souza

Uma flor nasceu na rua! : a psicanálise que
continua a brotar por aí / Pedro Colli Badino de
Souza Leite. – São Paulo : Blucher, 2021.

232 p.

Bibliografia
ISBN 978-65-5506-310-3 (impresso)
ISBN 978-65-5506-308-0 (eletrônico)

1. Psicanálise. 2. Psiquiatria. 3. Psicanálise
– Ética. 4. Escuta psicanalítica. 5. Modelo psicológico dinâmico. I. Título

20-4331 CDD 150.195

Índice para catálogo sistemático:
1. Psicanálise

Para Juliana, Beatriz e André

Quercus robur

6c

×4

× first leaves

The connate petioles of
over 1 inch in le
at base by a sli
the plumula

tion

older,
acorn exhausted,
broken off

tuber
enlarged

cotyledon,
t, separate
d corm

Conteúdo

Prefácio: da psiquiatria à psicanálise (e de volta)	11
Introdução	21
Éticas	25
O modelo psicológico dinâmico	85
Segunda-feira de manhã	105
Terça-feira de manhã	125
Quarta-feira de manhã	147
Esporte sem atividade física é esporte?	161
Escuta do paciente, compreensão e autorreflexão	177
Por que psiquiatria?	195

Prefácio: da psiquiatria à psicanálise (e de volta)

Ao me convidar para escrever este prefácio para seu *Uma flor nasceu na rua! A psicanálise que continua a brotar por aí*, Pedro Leite me escreveu:

> *Estive pensando, qual o mote do livro? Seria sobre clínica? Sobre os primórdios da formação analítica? Sobre psicanálise na faculdade de medicina?*

Buscar compreender a unidade de uma antologia de ensaios é uma questão que todo autor de uma coletânea se depara. E este prefácio é minha tentativa de resposta.

Entrevejo nas páginas do livro um conjunto de preocupações e desassossegos que me parecem delinear seu pano de fundo. Há uma longa tradição de inquietação na tentativa de se captar aquilo que se convencionou chamar de *condição humana*, nossa natureza última, nossa inserção na vida, no mundo e na existência. O universo do *inconfundivelmente* humano – do *demasiadamente* humano – é salpicado por imprecisões e incertezas; zonas enigmáticas e

12 PREFÁCIO: DA PSIQUIATRIA À PSICANÁLISE (E DE VOLTA)

pontos cegos. Declarar algo certeiro sobre nossa subjetividade, sobre a imensa variabilidade humana, sobre nossas complexas organizações sócio-político-culturais, sobre nossos processos anímicos profundos, é uma empreitada pontuada por frustrações, porque há algo instável e escorregadio na nossa essência: as exceções facilmente se acumulam e nos enterram em uma pletora de evidências contraditórias e teorias muitas vezes irreconciliáveis; os modelos empregados para que nós possamos tentar pensar a nós mesmos são incontáveis e, por vezes, mutuamente excludentes.

Aristóteles talvez tenha sido o primeiro grande pensador a refletir sistematicamente sobre esse problema. Seus tratados de lógica são marcados por um estilo áspero, remoto e duro. Buscam inventariar os raciocínios e as estruturas argumentativas que deverão pautar a investigação metafísica e daquilo que hoje chamaríamos de "ciência" (da observação de objetos celestes à anatomia animal). E tentam compreender rigorosamente como e por que a investigação "científico-metafísica" avança a passos claros, enquanto as pesquisas "humanísticas" caminham aos trancos e barrancos (um problema depois retomado por Kant). Quando Aristóteles desloca seu olhar para o mundo do emocional, do psíquico e do humano (em sua ética, poética e retórica), até mesmo seu estilo de escrita muda. É bem verdade que não há tarefa mais fadada ao fracasso que procurar maciez e doçura no texto aristotélico (Aristóteles é incontrolavelmente seco e sisudo), mas ele aciona outro registro discursivo na hora de tratar do campo da experiência humana: ele percebe o quão volúvel é seu objeto de estudo, o quão dependente de contextos móveis e fugidios, o quão necessário é o recurso a citações e exemplos mundanos ou artístico-literários. Sua *Ética* é pontuada por recorrentes referências aos grandes poetas gregos, por exemplo, algo que rarissimamente ocorre na cimentação de suas investigações naturais. Aristóteles percebe que a construção de um método de investigação preciso e escrupuloso para aquilo que é "humano, demasiadamente humano" dependerá tanto da instauração de um procedimento solidamente rigoroso e objetivo quanto de doses maciças de reflexões hipotéticas, de raciocínios maleáveis, de construções imaginativas, referências poéticas e conjecturas provisórias.

O problema da dança dialética entre o rigor formal científico e a imprecisão e maleabilidade da pesquisa humanística transborda caudalosamente sobre os campos da psiquiatria, da psicologia e da psicanálise. O psiquiatra, o psicólogo e o psicanalista precisam sempre caminhar por essa corda bamba entre o biológico e o humanístico, entre o corporal e o mental, entre o universal e a exceção, entre a hipótese arriscada e a dúvida angustiante.

Uma versão contemporânea dessa dificuldade de se apreender o humano transparece na chamada "crise da replicabilidade", que assola algumas áreas das ciências sociais, da psicologia e até da medicina desde mais ou menos 2011 (Pashler & Wagenmakers, 2012; Fidler & Wilcox, 2018): certos achados nesses domínios científicos estão sendo questionados porque não puderam ser ratificados por outras pesquisas (os resultados não foram *replicáveis*), o que está produzindo um movimento de questionamento da adequação das metodologias empregadas. Será que é possível estudar fenômenos humanos com o mesmo grau de acuidade e austeridade que esperamos nas ciências naturais?

Ao longo do século XIX e início do século XX, ocorreram acaloradas batalhas sobre como se fundar e organizar uma ciência (ou um sistema de conhecimento) do psíquico. O grande neurologista e psiquiatra alemão Wilhelm Griesinger era o expoente maior daqueles que defendiam que a psiquiatria deveria almejar ser apenas um braço da medicina geral: "As assim chamadas 'doenças mentais' não passam de doenças cerebrais e do sistema nervoso", afirmou Griesinger em 1867 (Ellenberger, 1970, p. 241; Shorter, 1997, p.

14 PREFÁCIO: DA PSIQUIATRIA À PSICANÁLISE (E DE VOLTA)

76). Ele apostava ser possível transpor o método anatopatológico para toda a área da psiquiatria, ou ao menos manter os paradigmas da ciência médica geral como parâmetro das ciências "psi". A "medicina da 'alma'" deveria se converter em uma medicina estrita ou majoritariamente biológica, ou manter o método anatomofisiológico como modelo maior. Mesmo que essa ambição não tenha se realizado por completo (Harrington, 2019), houve conquistas importantes da psiquiatria biológica nos últimos cento e poucos anos (Shorter, 1997; Burns, 2006, 2014; Lieberman, 2015; Kandel, 2018), de modo que talvez possamos dizer que parte da psiquiatria contemporânea seja "griesingeriana".

A epistemologia filosófica por trás do modelo de Griesinger demanda uma separação metodológica clara entre o "corporal" e o "espiritual", entre as chamadas ciências "duras" (*hard*) e as ciências "brandas" (*soft*). Na direção oposta estava Sigmund Freud, tecendo a tradição humanística alemã com aspectos da medicina romântica:

> *A síntese de Freud . . . configurava um novo espaço discursivo que trazia as ciências do espírito junto às ciências da natureza; ela ampliava as fronteiras das ciências naturais de maneira a fazê-las darem conta das grandes questões da interioridade humana, aquele espaço explorado pelos grandes romances psicológicos e pela poesia dos franceses, russos e ingleses; os estudos caracterológicos do teatro de Ésquilo e Shakespeare, Ibsen e Schnitzler; as lições advindas da história da humanidade e a crônica das fantasias humanas e crenças em religiões, contos de fada e fábulas. Por meio dessa integração, [Freud] acreditava poder resgatar a ciência de uma pobreza embaraçosa e as humanidades*

poderiam vir a ser compreendidas por meio de leis universais. (Makari, 2008, p. 123)

Mas a psicanálise também sucumbiu ocasionalmente a exageros, fanatismos, enrijecimentos e falhas argumentativas. Houve uma época em que departamentos de psiquiatria demandavam um ecletismo maior, para fugir de um imperialismo psicanalítico que chegou a ser sentido como opressor (Grinker, 1964).

Uma terceira corrente – um terceiro modelo de como se deveria pautar a pesquisa psicológica – podia ser vislumbrada na chamada psicopatologia fenomenológica, inaugurada, dentre outros, por Karl Jaspers (Stanghellini et al., 2019). Jaspers foi um crítico sagaz e contumaz tanto da tradição estritamente biológica (Ghaemi, 2009a) quanto da psicanálise (Bormuth, 2006; Monti, 2013) e favoreceu o estabelecimento de um campo de estudo do mental modelado a partir de certas correntes filosóficas. Jaspers teceu um tipo novo de linguagem para apreender o mundo interior e a experiência pessoal que não coadunava nem com os modelos estritamente científicos nem com os modelos psicanalíticos. A psiquiatria fenomenológica constitui uma corrente brutalmente importante do edifício intelectual psiquiátrico até os dias atuais.

Outras matrizes do pensamento psiquiátrico-psicodinâmico poderiam ter sido mencionadas (Ellenberger, 1970; Figueiredo, 1989/2014), mas o que é relevante para nossos propósitos é sublinhar como esse embate epistêmico entre correntes distintas vigora vívida e plenamente na psiquiatria atual e em todo o campo da psicologia, da psicanálise e das ciências da mente. As diversas áreas que estudam a "alma" humana vivem divididas entre si, com cansadas e intermináveis batalhas (sempre sem vencedores) entre psicanálise e psiquiatria, ou entre psicanálise e outros modelos psicodinâmicos ou técnicas psicoterapêuticas. É comum verificarmos

16 PREFÁCIO: DA PSIQUIATRIA À PSICANÁLISE (E DE VOLTA)

a tendência a uma falta de humildade, de generosidade e de tolerância nos intercâmbios entre esses campos do saber. Em parte, é natural que as coisas se deem dessa maneira. É necessário um esforço singular para que consigamos estudar a natureza humana de maneira desapaixonada. Discussões sobre o cerebral, o psíquico e o mental são sempre "quentes", tornando-se o desprendimento um ideal difícil de se atingir. São necessárias excepcionais coragem e humildade para preservar um distanciamento "frio" entre investigador e o objeto investigado. Estudar as motivações humanas e nossos misteriosos movimentos anímicos facilmente deságua num acalorado embate sobre a natureza última do ser humano, sobre a disposição e o temperamento do próprio investigador, e num questionamento potencialmente angustiante do valor do campo de estudo e de atuação que escolhemos. Falar do psíquico é falar de nós mesmos e eventualmente colocar nossas crenças, convicções, apostas e ilusões mais arraigadas a perder. O confronto com modelos frontalmente distintos daqueles que abraçamos desperta em nós uma angústia brutal, um risco de um colapso de valores e referências.

Na década de 1970, um artigo clássico do psiquiatra norte americano George L. Engel procurou introduzir um modelo multifatorial na compreensão e no tratamento do sofrimento humano, e advogou por um olhar multi- e transdisciplinar para a medicina: nascia o chamado modelo biopsicossocial, que buscaria um intercâmbio permanente entre o biológico, o psíquico e o sociocultural (Engel, 1977). Desde então, embora haja recorrente clamor por diálogo, não reducionismo e maior integração, nem sempre foi viável se instaurar esse ideal na prática (Pilgrim, 2002). Afinal, sempre foi possível se perguntar: qual biologia? Qual psicologia? Qual sociologia ou antropologia? Críticos do modelo biopsicossocial apontam como um ecletismo irrestrito pode se traduzir numa mistura pouco científica de paradigmas (Ghaemi, 2009b).

Pedro Colli Badino de Souza Leite, autor desta obra, é médico psiquiatra pela Faculdade de Medicina da Universidade de São Paulo (FMUSP) e psicanalista pela Sociedade Brasileira de Psicanálise de São Paulo (SBPSP). Ele mantém um vínculo ativo com o Instituto de Psiquiatria do Hospital das Clínicas da USP (IPq-HC--FMUSP), onde é membro-coordenador do Núcleo de Psicanálise do Departamento de Psicoterapia. Muito influenciado por Freud e leitor atento de Karl Jaspers, ele atua tanto como psicanalista quanto como psiquiatra e cultiva esse envolvimento multi-institucional. Tem um interesse grande pela antropologia de Claude Lévi-Strauss e é um amante da poesia e da literatura.

Nas entrelinhas de *Uma flor nasceu na rua!*, podemos observar a pulsação dessa inquietação sobre a apreensão do humano que tentei esboçar. *Qual meu instrumento privilegiado de observação?* – o livro parece, por vezes, se perguntar. O olho do psiquiatra clínico ou o ouvido do psicanalista com pendor literário? *Qual a minha referência teórica?* Freud? Jaspers? A psiquiatria moderna? Muitos dos ensaios de *Uma flor nasceu na rua!* são experimentos de navegação por essas águas turvas. Mostram o autor apresentando ideias psicanalíticas em contextos médicos-científicos, em que as referências epistemológicas são, muitas vezes, radicalmente diferentes do estilo psicanalítico de se raciocinar. Há reflexões sobre a estruturação da ética psicanalítica e da ética médica, crônicas sobre a difícil arte de se comunicar com pessoas que falam línguas epistêmicas muito diferentes, relatos de encontros clínicos nos quais a dinâmica médico-paciente se mescla à dinâmica analista-analisando, indagações sobre a formação pessoal como médico, psiquiatra e psicanalista. Sobretudo, e esse é um grande mérito estilístico do livro do Pedro Leite, o *acompanhamos* vividamente pelas salas de aula, consultas e apresentações acadêmicas. O texto, em vez de propor uma reflexão abstrata dessas inquietações, as *exibe* diretamente para o leitor.

18   PREFÁCIO: DA PSIQUIATRIA À PSICANÁLISE (E DE VOLTA)

Muitas vezes observo como amigos e colegas que vieram à psicanálise por meio da psiquiatria padecem de uma angústia sobre suas convicções filosóficas íntimas e suas "lealdades": são psiquiatras ou psicanalistas? Cientistas ou humanistas? Pessoalmente, acho que, independentemente de nossas formações pessoais, o mais rico é essa dança dialética entre os registros. Em um epílogo datado de 1982 a seu clássico *Tempo de despertar* (1973), Oliver Sacks escreve:

> *Na juventude, vi-me dilacerado por dois interesses e ambições arrebatadores e conflitantes: a vocação para a ciência e a vocação para a arte. Não fui capaz de conciliá-los até me tornar médico. Acredito que todos nós, médicos, temos a singular boa sorte de poder dar plena expressão a ambos os lados de nossa natureza, nunca precisando suprimir um em favor do outro. (Sacks, 1973 [1982]/1997, pp. 315-316)*

A vida intelectual e profissional de Pedro Leite ganha cores nesse movimento pendular que vai da psiquiatria à psicanálise, retornando à primeira. E é essa pulsação que observo pelas páginas de *Uma flor nasceu na rua!*.

Alberto Rocha Barros

Membro filiado ao Instituto "Durval Marcondes" da SBPSP e membro-coordenador do Núcleo de Psicanálise do IPq-HCFMUSP

Referências

Bormuth, M. (2006). *Life Conduct in Modern Times: Karl Jaspers and Psychoanalysis (Philosophy and Medicine)*. Holland: Springer.

Burns, T. (2006). *Psychiatry: A Very Short Introduction*. Oxford: Oxford University Press.

Burns, T. (2014). *Our Necessary Shadow: The Nature and Meaning of Psychiatry*. New York & London: Pegasus Books.

Ellenberger, H. F. (1970). *The Discovery of the Unconscious: The History and Evolution of Dynamic Psychiatry*. New York: Basic Books.

Engel, G. (1977). The need for a new model: a challenge for biomedicine. *Science, 196*(4286), 129-136.

Fidler, F. & Wilcox, J. (2018). Reproducibility of Scientific Results. *The Stanford Encyclopedia of Philosophy* (Winter 2018 Edition), Edward N. Zalta (Ed.). Recuperado de: https://plato.stanford.edu/archives/win2018/entries/scientific-reproducibility/

Figueiredo, L. C. (2014). *Matrizes do Pensamento Psicológico*. 20a ed. Petrópolis: Editora Vozes. (Trabalho original publicado em 1989).

Ghaemi, S. N. (2009a). Nosologomania: DSM & Karl Jasper's Critique of Kraepelin. *Philosophy, Ethics and Humanities in Medicine, 4*, 10.

Ghaemi, S. N. (2009b). The rise and fall of the biopsychosocial model. *The British Journal of Psychiatry, 195*, 3-4.

Grinker, R. R. (1964). A struggle for ecletism. *American Journal of Psychiatry, 121*(5), 451-457.

20 PREFÁCIO: DA PSIQUIATRIA À PSICANÁLISE (E DE VOLTA)

Harington, A. (2019). *Mind Fixers: Psychiatry's Troubled Search for the Biology of Mental Illness*. New York: W. W. Norton & Company.

Kandel, E. R. (2018). *The Disordered Mind: What Unusual Brains Tell Us About Ourselves*. London: Robinson.

Lieberman, J. A. (2015). *Psiquiatria: Uma História Não Contada*. São Paulo: WMF Martins Fontes.

Makari, G. (2008). *Revolution in Mind: The Creation of Psychoanalysis*. New York: Harper Perenial.

Monti, M. R. (2013). Jasper's "Critique of Psychoanalysis". In: G. Stanghellini & T. Fuchs (Eds.), *One Century of Kars Jasper's 'Genral Psychipathology'* (pp. 27-41). Oxford: Oxford University Press.

Pashler, H. & Wagenmakers, E.-J. (2012). Editor's Introduction to the Special Section on Replicability in Psychological Science: A Crisis of Confidence? *Perspectives on Psychological Science, 7*(6), 528-530.

Pilgrim, D. (2002). The biopsychosocial model in Anglo-American psychiatry: past, present and future? *Journal of Mental Health, 11*(6), 585-594.

Sacks, O. (1997). Epílogo. In: O. Sacks, *Tempo de Despertar*. São Paulo: Companhia das Letras. (Trabalho original publicado em 1973 [1982]).

Shorter, E. (1997). *A History of Psychiatry: From the Era of the Asylum to the Age of Prozac*. New York: John Wiley & Sons.

Stanghellini, G. et al. (Eds.). (2019). *The Oxford Handbook of Phenomenological Psychopathology*. Oxford: Oxford University Press.

Introdução

Entre 1943 e 1945, Carlos Drummond de Andrade escreve o poema "A flor e a náusea":[1]

> . . . *Uma flor nasceu na rua!*
>
> *Passem de longe, bondes, ônibus, rio de aço do tráfego.*
>
> *Uma flor ainda desbotada*
>
> *ilude a polícia, rompe o asfalto.*
>
> *Façam completo silêncio, paralisem os negócios,*
>
> *garanto que uma flor nasceu.*
>
> *Sua cor não se percebe.*
>
> *Suas pétalas não se abrem.*

---

1 Andrade, C. D. (2002). A flor e a náusea. In C. D. Andrade, *Poesia Completa* (pp. 118-119). Introdução de Silviano Santiago. Rio de Janeiro: Nova Aguilar.

Seu nome não está nos livros.

É feia. Mas é realmente uma flor.

Sento-me no chão da capital do país às cinco horas da tarde e lentamente passo a mão nessa forma insegura.

Do lado das montanhas, nuvens maciças avolumam-se.

Pequenos pontos brancos movem-se no mar, galinhas em pânico.

É feia. Mas é uma flor. Furou o asfalto, o tédio, o nojo e o ódio.

A flor de Drummond nasce em um tempo inóspito, furando de forma improvável o asfalto, o tédio, o nojo e o ódio. Da mesma forma, a potência viva da psicanálise continua encontrando caminhos em ambientes difíceis.

Se hoje não vivemos o interlúdio entre os totalitarismos que marcaram profundamente o cenário político do século XX, temos pela frente outros desafios oferecidos pelo nosso tempo. A tendência contemporânea ao esvaziamento intersubjetivo; o uso da tecnologia que cria isolamentos globalizados; o império das imagens de alegria e perfeição; o novo sujeito de desempenho, que, esgotado, chama de liberdade a sua autoexploração; o patrulhamento distorcido de comportamentos e opiniões; o predomínio técnico-científico na formação médica; os exageros da medicina baseada em evidências; a tortura da razão para lhe fazer dizer o que se prefere; a aplicação indiscriminada do modelo de doença orgânica para todo e qualquer sofrimento mental; as dificuldades em enxergar certos sintomas psíquicos como parte fundamental de cada sujeito; a mercantilização da felicidade que nos aguarda ao final do arco-íris; a padronização rígida e irrefletida de teorias e técnicas psicanalíticas consagradas; a fragilidade do estado de bem-estar social e os abismos socioeconômicos que encontramos por toda parte.

Se por um lado o cenário inspira pessimismo, por outro, no dia a dia observamos a capacidade da psicanálise de produzir furos em cada uma dessas superfícies áridas, escavando pertuitos, rompendo campos e desabrochando. Ao que tudo indica, para que isso possa ocorrer, basta que haja psicanalistas curiosos e desejantes de presenciar tais fenômenos. Este livro reúne artigos que testemunham a ação psicanalítica em lugares improváveis. Misteriosamente, a flor encontra um jeito.

Éticas

A palavra "ética" encontra sua raiz no grego *ethos*, conceito fabricado em conjunto com o pensamento filosófico nascente daquele povo. Trata-se de um termo que abriga ambiguidade de sentidos dentro de sua sombra etimológica. Por um lado, *ethos* aponta para a singularidade de cada sujeito, uma vez que significa "caráter", ou "disposição". Por outro, ela está ligada ao grupal e ao social, pois também pode ser interpretada como "hábito" ou "costume". A palavra *ethos* foi traduzida para o latim pela civilização romana como *mos* ou *mores*, e estes deram origem ao nosso termo "moral". No entanto, como acontece ao longo do impossível processo das traduções, o *mos* latino recalcou a primeira corrente de sentidos do *ethos* grego – aquela que se referia ao caráter e às disposições de cada sujeito – e privilegiou a rede associativa em torno dos hábitos e costumes das sociedades humanas. Não podemos ser duros demais com os colegas tradutores, uma vez que é conhecido o dito italiano "*Traduttore, Traditore!*".

Tradutor, traidor! – arrisco num ímpeto de tradução. Entre as línguas faladas pelo ser humano, nunca poderá haver tradução completa e perfeita. Por mais preparado que seja, o tradutor está sempre a cometer um ato de traição com a obra original. Dessa forma, observamos que a polissemia original do *ethos* foi separada em dois termos distintos – ética e moral. Iniciaremos nosso percurso tentando esclarecer certas diferenças entre estas duas correntes – o individual e o social – que poderão ser reconhecidas pelo leitor mesmo se aqui ou ali ele se deparar com a imprecisão que marca a relação entre estes conceitos.

Moral

Então, podemos dizer que a moral é um imperativo herdado por cada ser humano ao se deparar com seu meio social. Ela opera de fora para dentro, da cultura em direção a cada pessoa: "você deve fazer isso", "você não deve fazer aquilo", "este é o seu conjunto de direitos", "aquele é o seu conjunto de deveres", "não faça isso, você está faltando com respeito", "não faça aquilo, você está cometendo um crime" etc. Tais hábitos, costumes e leis são veiculados pela tradição, e cada um de nós depara com a tarefa de se inscrever na longa lista das gerações que o antecederam. Trata-se de uma ação de entrada e pertencimento a algo maior do que você. "Sou um cidadão de meu país", "sou um dos alunos de minha faculdade", "sou uma pequena parte de um todo".

A depender do corpo social, tais tradições podem ser veiculadas por revelação divina ou então como fruto da reflexão de um Estado. Tomemos como exemplo do primeiro caso os dez mandamentos da doutrina católica, revelados pela figura de Deus (Javé) a Moisés e registrados no livro *Êxodo*:

> *[1.] Não terá outros deuses além de mim.*

[2.] Não farás para ti nenhum ídolo, nenhuma imagem esculpida, nada que se assemelhe ao que existe lá em cima, nos céus, ou embaixo na terra, ou mesmo nas águas que estão debaixo da terra. Não te prostrarás diante desses deuses e não os servirás, porquanto Eu, o SENHOR teu Deus, sou um Deus ciumento, que puno a iniquidade dos pais sobre os filhos até a terceira e quarta geração dos que me odeiam, mas que também ajo com amor até a milésima geração para aqueles que me amam e guardam os meus mandamentos.

[3.] Não pronunciarás em vão o Nome de Javé, o SENHOR teu Deus, porque Javé não deixará impune qualquer pessoa que pronunciar em vão o seu Nome.

[4.] Lembra-te do dia do shabbath, *sábado, para santificá-lo. Trabalharás seis dias e neles realizarás todos os teus serviços. Contudo, o sétimo dia da semana é o* shabbath, *sábado, consagrado a Javé, teu Deus. Não farás nesse dia nenhum serviço, nem tu, nem teu filho, nem tua filha, nem teu escravo, nem tua escrava, nem teu animal, nem o estrangeiro que estiverem morando em tuas cidades. Porquanto em seis dias Eu, o SENHOR, fiz o céu, a terra, o mar e tudo o que há neles, mas no sétimo dia descansei. Foi por esse motivo que Eu, o SENHOR, abençoei o* shabbath, *sábado, e o separei para ser um dia santo.*

[5.] Honra teu pai e tua mãe, a fim de que venhas a ter vida longa na terra que Javé, o teu Deus, te dá.

[6.] Não matarás.

28 ÉTICAS

[7.] Não adulterarás.

[8.] Não furtarás.

[9.] Não darás falso testemunho contra o teu próximo.

[10.] Não cobiçarás a casa do teu próximo. Não cobiçarás a mulher do teu próximo, nem seus servos ou servas, nem seu boi ou jumento, nem coisa alguma que lhe pertença. (Libreria Editrice Vaticana, [s.d.], trad. minha)

Aqui, o que nos interessa é menos a vida espiritual de cada leitor do que a função moral contida no documento – como em outras súmulas da mesma espécie. O tom presente nos mandamentos deixa claro que a moral não parte de uma atividade reflexiva individual interna. Ela parte de fora, e neste caso provém da própria divindade católica. A pergunta "por quê?" não parece ser tão importante nesse contexto. Por que não devo ter outros deuses? Por que devo reproduzir o comportamento divino de descansar no sétimo dia? Por que não devo matar? Por que não devo trair ou furtar? Não haveria nenhuma exceção a essas diretivas em toda a complexidade na qual se dá a existência humana?

No campo da moral, tais perguntas não são tão importantes quanto a necessidade de que aqueles imperativos sejam cumpridos. A resposta mais evidente parecem ser os absolutos e herméticos "porque sim" ou "porque não". Não importa que você compreenda a regra, desde que seja capaz de obedecê-la. Sua recompensa será a possibilidade fundamental de escapar ao ostracismo social. Nós, seres humanos, somos seres sociais, e não causa grande espanto saber que uma das piores formas de tortura e desumanização é o isolamento de um indivíduo dentro de uma *solitária*. Assim, por meio da moral estamos autorizados a pertencer a um determinado grupo, a participar de uma determinada tradição. Idealmente, seremos aceitos, reconhecidos, amados e protegidos enquanto pudermos fazê-lo – e talvez este seja um dos únicos motivos razoáveis pelo qual toleramos tamanha interferência externa na gestão de nossos impulsos pouco sociais.

Para além do âmbito religioso-espiritual, temos o exemplo da moral que é construída e transmitida por meio da reflexão crítica de seus próprios participantes. Aqui, não temos um deus onisciente que faz valer seus desígnios por meio de suas revelações, mas instituições formadas por seres humanos que pensam e transmitem a moral de seu tempo.

Em regimes democráticos, cada sociedade tem seus próprios meios para apontar representantes que irão criar, transformar e proteger a Constituição. Trata-se de um sofisticado trabalho reflexivo transgeracional que é transmitido e retransmitido a cada novo cidadão que nasce em uma dada sociedade. Nesses casos, a moral demonstra ser mais flexível do que a moral espiritual. Ao longo dos séculos, parece haver um pouco mais de plasticidade em termos do que cada nação espera de seus indivíduos em comparação ao que cada divindade espera de seus seguidores. Por exemplo, no Brasil, no dia 13 de junho de 2019, o Supremo Tribunal Federal decidiu que a discriminação por orientação sexual e por identidade de gênero deve ser considerada um crime. Não houve a criação de uma nova lei, mas este tipo de injúria agora é tipificada e punida de acordo com a preexistente Lei do Racismo (7.716/89), que já previa que discriminações por raça, cor, etnia, religião e procedência nacional são crimes inafiançáveis e imprescritíveis. Mais uma vez: "por que não devo discriminar alguém por orientação sexual ou por raça?". Nossa primeira camada civilizatória, aquela do âmbito moral, deve responder rapidamente: "Porque não. Porque é crime. Ponto". Prioritariamente a ação deve ser barrada, e é só a partir de então que podemos adentrar o terreno da ética. O espaço público deve ser lacrado, vedado para certas opiniões e comportamentos. Este é o lugar da moral – um mínimo de freio necessário para que possamos conviver enquanto membros de uma mesma comunidade.

Assim, do mesmo modo que a experiência moral surge de fora para dentro de cada sujeito, sua administração também segue essa premissa. Agimos moralmente porque estamos sendo vigiados por algo ou por alguém. De volta à experiência espiritual, diversas divindades são capazes não apenas de observar todos os nossos comportamentos – mesmo quando estamos sozinhos –, mas também de patrulhar nossos pensamentos e impulsos que não se exteriorizam. Trata-se de uma forma extremamente eficaz de controle, mas que é dependente do grau de crença de cada um. Por sua vez, os governos laicos em geral também são competentes em substituir a onisciência divina por dispositivos de observação e controle.

Em 1785, o filósofo e jurista inglês Jeremy Bentham inventou o *panóptico* – uma penitenciária ideal onde, em virtude de certa arquitetura específica, um único guarda poderia observar todos os presos sem que estes soubessem se estavam ou não sendo vigiados. A consequência mais imediata da invenção seria a de que os sentimentos de medo e persecutoriedade levariam cada um dos presos a ajustar seus comportamentos de acordo com a moral desejada pela instituição. O panóptico ainda ganharia fama maior, após o filósofo francês Michel Foucault usar o modelo de Bentham para examinar a história e as consequências da moralidade em seu livro *Vigiar e punir* (1975/1996). Curiosamente, não podemos tratar a invenção de Bentham como um demônio moderno – isso seria um reducionismo, uma tendência habitual de nossa psique de dividir o mundo entre "bom" e "mau". Se a ideia do panóptico já foi usada para oprimir milhões de pessoas ao longo da história, por outro lado, inúmeros indivíduos já foram salvos pelo mesmo projeto, pois seu desenho é utilizado em unidades de terapia intensiva de diversos hospitais ao redor do mundo.

E para aqueles que ainda assim se sentem distantes da experiência de controle populacional, é de se perguntar quantas vezes ao dia não lemos a famosa frase: "sorria, você está sendo filmado". Se alguém nunca ouviu falar em Foucault, talvez o nome Edward Snowden seja mais familiar. Em 2013, o norte-americano ex-funcionário da CIA revelou a relação incestuosa que existia entre o governo americano e empresas que facilitavam a invasão de privacidade de seus clientes. Depois de Snowden, nunca mais olhamos para nossos *smartphones* da mesma forma. Será que o leitor já teve a impressão de receber uma propaganda específica por ter sido escutado por seu aparelho celular? Por isso, mesmo sem o recurso ao deus-que-tudo-vê, a experiência da regulação moral vai encontrando novas formas criativas de se manter atualizada.

Além do controle social, há ainda outro importante aspecto da experiência moral que vale a pena ser mencionado por sua forma e frequência em nossos tempos. Quero me referir ao sentimento de superioridade moral – especialmente quando este se encontra quase totalmente desvinculado da ação moral dentro de uma comunidade. Tal sentimento é provavelmente apenas mais uma das formas de nossa necessidade humana de sermos amados. Trata-se de um acontecimento que está mais próximo ao conceito psicanalítico do narcisismo do que do campo moral propriamente dito. Atualmente, acho que não seria muito difícil encontrar exemplos nos quais a defesa de determinadas ideias moralmente louváveis é usada como moeda de troca para o amor. Quantos minutos em uma rede social seriam necessários para achar exemplos do fenômeno ao qual estou me referindo? A defesa de determinada ideologia. A luta por uma posição política própria ou de alguma minoria. Os *emojis* de coração enviados para vítimas de alguma tragédia no outro lado do planeta, enquanto pulamos os moradores de rua de nosso bairro sem olhar nos seus olhos.

Não me entendam mal: não desejo defender aqui o ponto de vista de que todas essas postagens são frutos apenas da necessidade de amor e reconhecimento. É claro que a defesa constante de certas posições é fundamental para que nossa sociedade busque justiça e igualdade. Devemos fazê-lo para que o trabalho civilizatório não retroceda, e para que possa avançar. No entanto, gostaria apenas de sublinhar os casos nos quais o interesse social não predomina. São momentos em que tais posicionamentos não parecem se traduzir em benefício social. Em outras palavras, são discursos louváveis que se encerram sobre si mesmos, e sobre o número de *likes* e de novos seguidores angariados ao longo do caminho. Seria uma surpresa o fato de que podemos usar nossos princípios morais predominantemente como objetos de grife – em total dissociação com atitudes sobre o mundo que nos cerca?

Ética

Existe a opção de definir a ética como o oposto da moral, mas talvez seja mais interessante defini-las como movimentos suplementares. A partir deste ponto de vista, o pensamento ético pode ser visto como ocorrendo no sentido inverso ao do pensamento moral. Se o vetor da moral parte de fora para dentro de cada sujeito, a reflexão ética se dá quando este mesmo sujeito questiona os princípios morais de suas tradições e de sua sociedade a partir da singularidade de sua existência. A questão "como devo conduzir minha vida?" será agora pensada de forma ativa e de dentro para fora.

Talvez um primeiro ponto fundamental sobre a experiência ética possa ser encontrado em uma mudança subjetiva entre a posição passiva e a ativa. No campo moral, recebemos, aceitamos e obedecemos passivamente aos hábitos e aos costumes de nossa sociedade. Para ser mais preciso: ativamente nos tornamos passivos. Por outro lado, a reflexão ética parece reverter tal passividade na medida em que ela encara ativamente as leis, normas, regras etc. "Por que sigo as injunções que me são solicitadas?", "Por que faço as coisas como faço?", "Por que posso fazer isso e não aquilo?". Na passagem de uma a outra, muitas vezes há a impressão subjetiva de estarmos desligando o "piloto automático". Fechamos o Waze e passamos a procurar ativamente no mapa para onde estamos indo e como vamos chegar lá.

Em uma palestra sobre este mesmo tema, o historiador Leandro Karnal relata uma curiosa experiência no âmbito acadêmico. Ele diz que há muitos anos leciona para universitários, e que há muitos anos seus alunos chegam atrasados às suas aulas. Quando o professor lhes interpela sobre o atraso, o mesmo diálogo se repete:

– Você chegou atrasado.

– Não, foi o ônibus que atrasou.

Ou foi o despertador que não tocou. Ou então foi um parente que adoeceu. Ou qualquer outra desculpa que desimplique o sujeito a falar a partir de uma posição ética, ativa. Dentro dessa situação, a única resposta possível seria: "sim, eu me atrasei, e o motivo do atraso foi o atraso do ônibus, ou a falta de bateria do celular". No entanto, quando os alunos formulam a frase dessa maneira, eles estão se retirando daquela cena e falando a partir de um lugar passivo, dessubjetivado, escapando da dimensão ética de sua existência. O mesmo ocorre quando dizemos frases como: "os seres humanos têm determinada característica" ou "os brasileiros não apresentam certa virtude". Bem, se falamos dos brasileiros e dos seres humanos dessa forma, estamos repetindo tal mecanismo

34 ÉTICAS

defensivo, deslocando-nos do espaço político e social no qual tais ações estão ocorrendo. Mais ético seria dizer: "nós, seres humanos, temos a tendência ao comportamento de massa", ou então, "nós, brasileiros, tendemos a tolerar a corrupção" etc. Se as palavras pouco variam entre estes dois tipos de frase, a gramática, a sintaxe e a ética mudam de forma radical. Mais uma vez: passamos agora a ser agentes das ações contidas em cada uma das cenas descritas.

Talvez o que esteja em jogo neste ponto de travessia entre a ética e a moral seja um drama que se refere ao nosso desenvolvimento físico e psíquico. Uma criança não tem outra opção a não ser aceitar predominantemente o campo da moral, veiculado a ela pelos pais, familiares, professores e sucedâneos. São estes que em geral estão em melhor posição de julgar em seu nome, de fazer reflexões e escolhas que aquela ainda não pode alcançar. Por exemplo, se deixarmos o ato da vacinação relegado ao pensamento ético dos pequenos, nenhum deles poderá chegar à conclusão de que as vacinas são avanços tecnológicos preciosos que podem ser transmitidos de geração a geração – reduzindo a morbidade e a mortalidade infantil. Pelo contrário: a atividade reflexiva é bloqueada pelo desprazer da agulha. Assim, uma criança se vê confrontada pela passividade moral, apostando todas as suas fichas em estar sendo protegida e educada por adultos que se encontrem em condições de fazê-lo. No entanto, conforme o corpo e a mente vão encontrando estímulos para se desenvolver, este estado de coisas vai sendo pouco a pouco transformado.

Quantas vezes as crianças não fazem perguntas ou colocações que constrangem os pais, justamente por revelá-los menos competentes em suas percepções do que seus filhos? Paulatinamente, é como se a confiança absoluta em pais, professores, policiais, juízes, políticos, leis e quaisquer outros representantes dessa função fosse sendo minada. "Será que eles estão de fato em melhores condições de pensar e escolher por mim do que eu mesmo?" Nenhuma dor de crescimento poderia ser mais familiar. E é seguro que mesmo como adultos nós nunca atingimos um grau de iluminação tal que não precisamos de mais ninguém. Nossa capacidade de pensar encontra seus limites na própria condição humana. Em situações de ignorância (que não são nada raras), estamos sempre a depender da opinião de algum especialista no qual teremos que confiar desconfiadamente – ao menos durante algum tempo.

Ainda sobre este ponto, da passagem da passividade arreflexiva para a atividade do pensamento ético, há uma história que me parece ilustrá-la nitidamente, que me foi contada há alguns anos por uma colega de ofício. Na época, ela e alguns outros de seus amigos montaram um grupo de estudos de psicanálise infantil com um homem que era uma autoridade clínica e acadêmica naquele campo. Animados, eles se encontravam semanalmente com tal professor, que já adentrava o crepúsculo de sua vida. O grupo navegava de vento em popa, e todos pareciam satisfeitos com o crescimento pessoal que vinham sentindo nos últimos meses. No entanto, nenhum deles poderia prever o que aconteceria em poucas semanas. Certo dia, um dos participantes foi comunicado pela família do professor de que este não poderia mais atender ao grupo de estudos, pois estava sendo hospitalizado. O motivo? O agravamento de sintomas demenciais que já se manifestavam há alguns meses – eles não haviam percebido nada?

O que se seguiu foi um processo análogo ao despertar de uma hipnose. Um a um, os participantes foram se dando conta de que perceberam sim deformações conceituais nos ensinamentos do mestre, mas havia alguém valorizado suas próprias percepções? Não. Havia alguém questionado a si mesmo ou ao professor durante os seminários? Não. E como poderiam? Estavam diante de um ídolo, quem ousaria contrariá-lo? Aquelas eram palavras que vinham do alto não apenas de sua autoridade, mas do respeito e carinho conquistados durante longos anos. Inquietantemente, naqueles últimos meses a bússola perceptiva e intelectual dos alunos estava mais bem calibrada do que a de seu orientador. É um caso trágico, no qual a consciência ética parece ter sido despertada e ampliada à força, apenas *a posteriori*.

Uma vez colocada a questão sobre as posturas ativa e passiva, examinaremos agora a diferença de lugares a partir de onde surgem as experiências ética e moral. Como já foi mencionado, esta é veiculada de fora para dentro, enquanto aquela é sempre engendrada e gerida de dentro para fora, do sujeito em direção ao seu meio social. Para esclarecer este ponto, adentremos um conto de Machado de Assis chamado "A idéia do Ezequiel Maia" (1883/1994). Eis o primeiro parágrafo do conto:

> *A idéia do Ezequiel Maia era achar um mecanismo que lhe permitisse rasgar o véu ou revestimento ilusório que dá o aspecto material às coisas. Ezequiel era idealista. Negava abertamente a existência dos corpos. Corpo era uma ilusão do espírito, necessária aos fins práticos da vida, mas despida da menor parcela de realidade. Em vão os amigos lhe ofereciam finas viandas, mulheres deleitosas, e lhe pediam que negasse, se podia, a realidade de tão excelentes coisas. Ele lastimava, comendo, a ilusão da comida; lastimava-se a si mesmo, quando tinha ante si os braços magníficos de uma senhora. Tudo concepção do espírito; nada era nada. Esse mesmo nome de Maia não o tomou ele, senão como um símbolo. Primitivamente, chamava-se Nóbrega; mas achou que os hindus celebram uma deusa, mãe das*

ilusões, a que dão o nome de Maia, e tanto bastou para que trocasse por ele o apelido de família.

Uma vez que Ezequiel demonstrava tamanha aversão pela materialidade do mundo, talvez seja ele um excelente companheiro para a investigação de nossa vida mental mais íntima. Mediante um recurso da literatura fantástica, o autor nos diz que nosso idealista inventara um modo de se livrar de seu corpo, mantendo-se vivo apenas em espírito. Dessa forma ele poderia visitar a intimidade psíquica de outras pessoas e lhes conhecer as motivações mais profundas. E foi assim que Ezequiel, pesquisando o sigilo de seus conhecidos, fez um "achado sublime, uma solução ao problema do senso moral". Sua descoberta advinha da comparação entre duas outras personagens: o Neves do n. 25 e o Delgado.

O Delgado era um homem que vivia com a consciência agitada, inquieta, convulsa. Vivia a se torturar por transgressões morais graves que cometera ao longo de sua vida. Em um arroubo de cólera, havia perdido a cabeça e agredido sua esposa. Ele nunca havia se perdoado por aquele ato, e sua "consciência moral" lhe castigava por meio do sentimento de culpa, vivendo atormentado por este ato impensado. Depois, contrariado, tinha jurado em falso para salvar um amigo e retribuir alguns favores que recebera do mesmo. Não se conformava com sua atitude, remoía-se em arrependimento – "e a consciência revolvia-se, frenética, desvairada, até que a própria fadiga lhe trazia algum descanso". Por fim, enfrentou a falência comercial, e, convencido pelo sócio, tomou a decisão de mentir para seus credores a fim de poupá-los do pagamento. Esse episódio foi a gota d'água para sua crise, descrita detalhadamente pelo narrador:

Não, nunca me há de esquecer o que então se passou naquela consciência, continuou o Ezequiel; era um tumulto, um clamor, uma convulsão diabólica, um ranger de dentes, uma coisa única. O Delgado não ficava quieto três minutos; ia de um lado para outro, atônito, fugindo a si mesmo. Não dormiu nada a primeira noite. De manhã saiu para andar à toa; pensou em matar-se; chegou a entrar em uma casa de armas, à Rua dos Ourives, para comprar um revólver, mas advertiu que não tinha dinheiro, e retirou-se. Quis deixar-se esmagar por um carro. Quis enforcar-se com o lenço. Não pensava no código; por mais que o revolvesse, não achava lá a idéia da cadeia. Era o próprio delito que o atormentava. Ouvia vozes misteriosas que lhe davam o nome de falsário, de ladrão; e a consciência dizia-lhe que sim, que ele era um ladrão e um falsário. Às vezes pensava em comprar um bilhete de Espanha, tirar a sorte grande, convocar os credores, confessar tudo, e pagar-lhes integralmente, com juro, um juro alto, muito alto, para puni-lo do crime... Mas a consciência replicava logo que era um sofisma, que os credores seriam pagos, é verdade, mas só os credores. O ato ficava intacto. Queimasse ele os livros e dispersasse as cinzas ao vento, era a mesma coisa; o crime subsistia. Assim passou três noites, três noites cruéis, até que no quarto dia, de manhã, resolveu ir ter com o Neves e revelar-lhe tudo . . . O resto era estupendo. O Neves lia os jornais no terraço, quando o Delgado lhe apareceu. A fisionomia daquele era tão bondosa, a palavra com que o saudou – "Anda cá, Juca!" vinha tão impregnada da velha familiaridade, que o Delgado esmoreceu. Sentou-se ao pé dele, acanhado, sem força para lhe dizer *nem lhe pedir nada, um conselho, ou, quando menos, uma consolação. Em que língua narraria o delito a um homem cuja vida era um modelo, cujo nome era um exemplo? Viveram juntos; sabia que a alma do Neves era como um céu imaculado, que só interrompia o azul para cravejá-lo de estrelas. Estas eram as boas palavras que ele costumava dizer aos amigos. Nenhuma ação que o desdourasse. Não espancara a mulher, não jurara falso, não emendara a escrituração, não mentiu, não enganou ninguém.*

Ezequiel, que mediante seu saber absoluto acompanhava toda a movimentação de perto, surpreendeu-se ao ter contato com o que Neves estava pensando enquanto escutava a confissão do amigo. Em vez daquele se preocupar com a pessoa deste e com suas ações, estava mais interessado em abafar todo o caso e em poupá-los das possíveis punições que poderiam advir da cumplicidade a respeito daqueles crimes. No lugar de sentir empatia por seu amigo, Neves experimentava profunda irritação por Delgado, dizendo a si mesmo: "Você defendia-o então; e aí tem a bela prenda. Um maluco!".

A descoberta absorveu Ezequiel, que agora passava a investigar a fundo a psique de Neves. Será que aquele cidadão modelo só conseguia pensar nas situações a partir da ameaça de punição? E foi assim que Ezequiel descobriu atônito que Neves era movido puramente pela moral, nunca pela reflexão ética! Seu passado era de fato imaculado, nenhuma infração lhe dizia respeito, mas a pesquisa íntima de Ezequiel ia revelando o verdadeiro caráter do personagem estudado:

O resultado era sempre o mesmo. A notícia de uma atrocidade deixava-o interiormente impassível; a de uma indignidade também. Se assinava qualquer petição (e nunca recusou nenhuma) contra um ato impuro ou cruel, era por uma razão de conveniência pública, a mesma que o levava a pagar para a Escola Politécnica, embora não soubesse matemáticas. Gostava de ler romances e de ir ao teatro; mas não entendia certos lances e expressões, certos movimentos de indignação, que atribuía a excessos de estilo. Ezequiel não lhe perdia os sonhos, que eram, às vezes, extraordinários. Este, por exemplo: sonhou que herdara as riquezas de um nababo, forjando ele mesmo o testamento e matando o testador. De manhã, ainda na cama, recordou todas as peripécias do sonho, com os olhos no teto, e soltou um suspiro. ◆

As descrições iam tornando o fato mais e mais claro. Neves era movido somente pela opinião pública, externa, e nunca pela consciência ética, interna – aquela que se desenvolve mesmo quando não estamos sendo observados por mais ninguém. Ezequiel ainda descobriria que Neves gostava do ditado popular "ladrão que rouba ladrão tem cem anos de perdão". Se, por um lado, este poderia ser indicativo de um mínimo senso ético por parte de Neves, por outro, Ezequiel notou que o investigado gostava da frase não pela justiça restituída ao inocente roubado, mas sim por um sentimento de prazer ao ver o primeiro ladrão também trapaceado. Não se tratava de uma exaltação da justiça, mas sim do gozo que se pode sentir ao vermos alguém tropeçar. E foi com esta frase que Ezequiel sintetizou sua investigação sobre ética e moral: "Há virtualmente um pequeno número de gatunos, que nunca furtaram um par de sapatos".

Dessa forma, por meio de sua argúcia psicológica, Machado de Assis toca em dois pontos fundamentais na investigação do assunto. Em primeiro lugar, podemos observar que a experiência moral é sempre regulada externamente – pelas câmeras, pela polícia, pela CET, pela opinião pública etc. Em contraste, a reflexão ética independe de tal patrulhamento externo. É assim que chegamos à estranha constatação de que, apesar de seus atos, Delgado surge como um ser mais ético do que Neves, uma vez que mesmo que ninguém descobrisse seus crimes, seus atos permaneciam intactos diante de sua consciência – e era esta e somente esta que lhe maltratava continuamente. Em segundo lugar, o conto nos permite revisitar a ideia de que a reflexão ética pode estar dissociada de sua continuidade no plano dos comportamentos. Observamos que Neves sofre de modo ético, mas não consegue traduzir seu trabalho de pensamento em ações ou freios em sua vida cotidiana.

Assim, depois de nos determos nos pares atividade/passividade e dentro/fora, chegamos a um último ponto que merece ser tratado na diferenciação das duas atitudes em questão. Estou me referindo à oposição entre pertencer/separar. Como já foi dito anteriormente, aquele que aceitar os costumes do seu povo, as regras de sua comunidade, as leis de sua nação – em outras palavras, a moral desses grupos – passará a pertencer a algo maior do que si mesmo. Essa pessoa estará inscrita em uma história e será herdeira de uma tradição, unida a todos os seus pares em torno dos princípios fundamentais de seu grupo. Do outro lado, todo aquele que não beber desta mesma água será relegado ao isolamento, sem a proteção ou o reconhecimento de seus semelhantes. Se a algum leitor este ostracismo não parecer grande coisa, se soar apenas como um leve "gelo" que o indivíduo terá que tolerar, encaminho-o para o texto "O feiticeiro e sua magia", do antropólogo estruturalista Claude Lévi-Strauss (1949/2017). O texto se inicia pela marcante descrição sobre um indivíduo que foi condenado à morte por um feiticeiro de seu grupo – um dos muitos fenômenos do mesmo tipo observados por antropólogos há décadas. Eis o início do relato:

42 ÉTICAS

Desde os trabalhos de Cannon, percebem-se com mais clareza os mecanismos psicossociológicos subjacentes aos casos de morte por conjuração ou feitiço, atestados em várias regiões do mundo: um indivíduo consciente de que é objeto de um malefício fica profundamente convencido, pelas tradições mais solenes de seu grupo, de que está condenado, e parentes e amigos compartilham a certeza. A partir de então, a comunidade se retrai, todos se afastam do maldito e se comportam com ele como se, além de já estar morto, representasse uma fonte de perigo para todos os que o cercam. Em toda ocasião e em cada um de seus gestos, o corpo social sugere a morte à pobre vítima, que não tenta escapar do que considera ser seu inelutável destino. E logo são celebrados para ela os ritos sagrados que a conduzirão ao reino das trevas. Brutalmente alijado, de saída, de seus laços familiares e sociais, e excluído de todas as funções e atividades por intermédio das quais o indivíduo tomava consciência de si mesmo, e enfrentando em seguida as mesmas forças imperiosas, novamente conjuradas com o único propósito de bani-lo do reino dos vivos, o enfeitiçado cede à força combinada do terror que sente e da retirada súbita e total dos múltiplos sistemas de referência fornecidos pela convivência do grupo e, finalmente, à sua inversão definitiva quando, de vivo e sujeito de direitos e de obrigações, passa a ser proclamado morto, objeto de temor, de ritos e proibições. A integridade física não resiste à dissolução da personalidade social. *(p. 167, grifos meus)*

O grifo final é por minha conta, pois ali encontramos sintetizada toda a potência da exclusão social. No limite, a pesquisa antropológica revela que o custo de estar à parte dos códigos morais de um grupo não se paga apenas com nossa sobrevivência simbólica, mas sim com nossa própria sobrevivência física – orgânica! E se alguém ainda considerar essa tese exagerada, peço que se detenha um instante para considerar quais são as populações excluídas, amaldiçoadas de nosso próprio tecido social. Por acaso a negligência em termos de políticas públicas com certas comunidades não substitui muito bem a figura do feiticeiro que decreta a morte de determinados indivíduos? E seres humanos de fato não morrem pelo efeito dessa magia contemporânea?

O trabalho de Lévi-Strauss descreve a radicalização do processo da singularidade, levada a um extremo tão distante que arrasta o sujeito para fora de seu meio social, onde ele já não pode mais existir como tal.

Por outro lado, existem também riscos que se encontram no outro polo – os excessos relacionados ao pertencimento moral que podem abafar todo e qualquer sentimento ético. Há um caso histórico em especial que mostra em que medida alguém pode se distanciar da reflexão ética ao longo do processo de adesão aos ideais morais de sua sociedade. Estou me referindo ao caso de Adolf Eichmann, que foi estudado em detalhe pela filósofa Hannah Arendt em seu livro *Eichmann em Jerusalém – Um relato sobre a banalidade do mal* (1963/1999). Eichmann foi um membro do partido nazista, ocupando um papel de destaque no extermínio de milhões de pessoas conhecido como solução final. Após a queda do Terceiro Reich, ele fugiu e se escondeu na Argentina, onde foi capturado pelo estado israelense para ser julgado em Jerusalém.

O espetáculo estava armado, pois interessava ao estado de Israel levar a público e oferecer uma punição exemplar a esse monstro. No entanto, durante o julgamento tão cercado por interesses políticos e midiáticos, Eichmann não estava à altura de seu personagem, ele era menos monstruoso que medíocre. Não se deixando levar pelas paixões da época – a necessidade do povo de encontrar no acusado uma espécie de gênio do mal –, Arendt acompanhou todo o processo com espantosa lucidez, e percebeu que Eichmann nem de longe correspondia a tal figura. Mas então como ele poderia ter levado a cabo o seu papel decisivo na solução final, coordenando o transporte de judeus e outros povos para os macabros campos de concentração? Simples e complexo: ele agia apenas como um funcionário público muito eficiente, sempre disposto a executar as ordens de seus superiores da melhor forma possível. Essa era a constatação mais chocante desse julgamento. O mal podia ser encontrado não apenas no engenho da crueldade, mas principalmente na falta de consciência reflexiva (ética) sobre o que um governo solicita de seus membros. Eichmann havia se entregado à burocracia, termo que se desdobra em *bureau*, escrivaninha, e *cracia*, poder. Ou seja, *o poder de ninguém* que é exercido de forma arreflexiva por todos. Eis a banalidade do mal.

E assim chegamos à conclusão de que o pensamento ético só pode ser encontrado numa certa borda, a um passo entre pertencer ou ser excluído da sociedade em que vivemos. Trata-se de uma liberdade de pensamento que é paga pela experiência da solidão, justamente para podermos refletir sobre princípios arraigados em nossa moral que não nos parecem éticos. Aliás, no mesmo ano em que o livro de Arendt foi publicado, Martin Luther King declarava, em sua militância pelo fim do racismo infiltrado na constituição norte-americana: "É nosso dever moral, e obrigação, desobedecer a uma lei injusta".

Deixando intacto o espírito desse chamado, eu apenas sugeriria um reparo de linguagem para coincidir com a convenção adotada neste texto. Mais justo ao nosso percurso seria dizer que *é nosso dever ético, e obrigação, desobedecer a uma moral injusta*. Por isso, o lugar da reflexão ética é aquele onde nos afastamos parcialmente de nossa comunidade, justamente para poder pensá-la a partir de uma nova perspectiva. Talvez o trabalho da ética seja como aquele do personagem do menino na fábula "A roupa nova do rei". Enquanto todos se encontravam num estado de hipnose coletiva, negando o estado das coisas públicas, a fala da criança atravessa a multidão e produz o efeito de um despertar: *o rei está nu!*

Ética médica

Migrando para o terreno mais específico da ética médica, podemos levar conosco o conteúdo já visitado até aqui. No entanto, a partir desse ponto haverá um médico encarregado de cuidados ao seu paciente, duas posições bem demarcadas e assimétricas, o que nos solicita um esforço para dar novos sentidos ao binômio ética/moral dentro dessa relação em particular.

Assim, encontramos códigos, juramentos e orações que orientam a moral e a ética médica ao longo de boa parte da história do ser humano. Tais documentos oscilam entre imperativos morais a serem cumpridos e a enunciação de princípios que se oferecem como matéria-prima viva para a reflexão da prática médica. Muitas vezes, há um pouco de cada um desses ingredientes em cada uma dessas súmulas, sendo a ambiguidade uma característica que as define. Talvez o mais antigo desses documentos tenha sua origem na *ayurveda* – um dos corpos de conhecimento médico mais antigos da humanidade, elaborado na Índia há cerca de 7 mil anos. Tal prática é orientada por um juramento, feito pelos seus estudantes, que inclui a promessa de sacrifício da vida pessoal em prol do ofício médico. Menos ético do que moral, o famigerado código

46 ÉTICAS

de Hamurabi (1772 a.C.) da Mesopotâmia também se pronuncia a respeito da prática médica. Seu clima é jurídico e claramente taliônico, seguindo a premissa de equidade entre crime e punição: "olho por olho, dente por dente". Nele, a prática médica é agrupada junto às práticas da veterinária e da arquitetura. Entre suas 282 leis, algumas nos interessam:

> *Lei 215: Se um médico trata alguém de uma grave ferida com a faca de bronze e o cura, ou se ele abre a alguém uma incisão com a faca de bronze e o olho é salvo, deverá receber dez siclos.*

> *Lei 216: Se é um liberto, ele receberá cinco siclos.*

> *Lei 217: Se é o escravo de alguém, o seu proprietário deverá dar ao médico dois siclos.*

> *Lei 218: Se um médico trata alguém de uma grave ferida com a faca de bronze e o mata ou lhe abre uma incisão com faca de bronze e o olho fica perdido, se lhe deverão cortar as mãos.*

> *Lei 219: Se o médico trata o escravo de um liberto de uma ferida grave com a faca de bronze e o mata, deverá dar escravo por escravo.*

> *Lei 220: Se ele abriu a sua incisão com a faca de bronze e o olho fica perdido, deverá pagar metade de seu preço.*

> *Lei 221: Se um médico reestabelece o osso quebrado de alguém ou as partes moles doentes, o doente deverá dar ao médico cinco siclos.*

> *Lei 222: Se é um liberto, deverá dar três siclos.*

Lei 223: Se é um escravo, o dono deverá dar ao médico
dois siclos. (Bouzon, 2000, pp. 188-190)

Como se pode observar, este código se limita ao elemento moral da atuação médica, estabelecendo de forma inequívoca recompensas e punições para situações específicas nos cuidados aos pacientes das três rígidas classes sociais existentes. Saliento aqui que esse documento não parece favorecer a reflexão ética, mas estabelecer ordem e coesão social por meio da severidade. Um olho vale um olho. Uma morte vale duas mãos.[1]

Voltando ao conjunto histórico que orienta a práxis médica, encontramos agora aquele que talvez nos seja o mais familiar: o juramento de Hipócrates. Ele provavelmente fez parte do ritual de passagem e formatura da maioria dos médicos contemporâneos. Nele, jura-se o seguinte:

Prefácio

São estes os estatutos da arte médica que o aluno deve aceitar e confirmar por juramento, Contêm os preceitos sobre a gratidão para com o professor; sobre a integridade do doente e sobre os mais graves casos cirúrgicos não curáveis, como a extracção de cálculos da bexiga, como se debus pela divisão da medicina em três partes, Os antigos aceitavam-na, os Mercuriales rejeitam-na.

Argumento:

---

1 É curioso o fascínio que o código parece conter a respeito de mortes, perda de olhos ou decepação de mãos. Acredito que a um psicanalista, ou a algum outro colega familiarizado com a clínica psicanalítica e suas teorias, não escapará o cheiro da angústia de castração – uma das principais teorias sexuais infantis descritas por Freud. Mas seguir essa ideia nos afastaria por demais do argumento central desse texto.

Os deveres que o médico deve ter para com o professor e para com a profissão são: a integridade de vida, a assistência aos doentes e o desprezo pela sua própria pessoa,

Juramento:

Juro por Apolo Médico, por Esculápio, por Hígia, por Panaceia e por todos os deuses e deusas que acato este juramento e que o procurarei cumprir com todas as minhas forças físicas e intelectuais,

Honrarei o professor que me ensinar esta arte como os meus próprios pais; partilharei com ele os alimentos e auxiliá-lo-ei nas suas carências,

Estimarei os filhos dele como irmãos e, se quiserem aprender esta arte, ensiná-la-ei sem contrato ou remuneração.

A partir de regras, lições e outros processos ensinarei o conhecimento global da medicina, tanto aos meus filhos e aos daquele que me ensinar, como aos alunos abrangidos por contrato e por juramento médico, mas a mais ninguém.

A vida que professar será para benefício dos doentes e para o meu próprio bem, nunca para prejuízo deles ou com malévolos propósitos.

Mesmo instado, não darei droga mortífera nem a aconselharei; também não darei pessário abortivo às mulheres.

Guardarei castidade e santidade na minha vida e na minha profissão.

Operarei os que sofrem de cálculos, mas só em condições especiais; porém, permitirei que esta operação seja feita pelos praticantes nos cadáveres,

Em todas as casas em que entrar, fá-lo-ei apenas para benefício dos doentes, evitando todo o mal voluntário e a corrupção, especialmente a sedução das mulheres, dos homens, das crianças e dos servos,

Sobre aquilo que vir ou ouvir respeitante à vida dos doentes, no exercício da minha profissão ou fora dela, e que não convenha que seja divulgado, guardarei silêncio como um segredo religioso,

Se eu respeitar este juramento e não o violar, serei digno de gozar de reputação entre os homens em todos os tempos; se o transgredir ou violar que me aconteça o contrário. (Hipócrates, 1990, pp. 124-126, trad. minha)

Quando comparado ao código de Hamurabi, encontramos no juramento de Hipócrates um cenário bem mais distribuído entre imperativos e princípios. Mais perto do campo da moral, podemos destacar: ajudar os professores em suas necessidades; ensinar a arte médica a seus filhos e alunos juramentados; não fazê-lo em outros casos; não promover a morte ou o aborto por meio de drogas; manter a castidade no exercício da profissão – evitar sedução e a corrupção; guardar sigilo nos moldes do "segredo religioso". Ao redor de princípios éticos, reúnem-se: honra aos professores; integridade da vida; assistência aos doentes; desprezo pela própria pessoa; a transmissão do ofício e a fraternidade com os colegas; não fazer o mal (*primum non nocere*); fazer o bem (beneficência).

Podemos observar que quanto mais perto da moral, mais os ditames se referem a uma certa época e suas condições – ou seja, são

50 ÉTICAS

injunções que se relacionam a um dado recorte no tempo e espaço de uma cultura em particular, e por isso sofrem com mais facilidade o amarelamento de suas páginas pela ação do tempo. Por outro lado, quanto mais próximo ao pensamento ético, mais as frases se assemelham a princípios universais. Não que um princípio não possa ser discutido e revisto por diferentes culturas ou gerações de um mesmo povo, mas parece haver uma tendência dos princípios de suportar a passagem do tempo de forma mais resiliente.

Pois bem, da *ayurveda* para cá, temos também nossas orações pós-modernas que hoje balizam e respaldam o ofício médico. Por um lado, há os códigos internacionais e nacionais de ética médica, cujas atualizações mais recentes datam de 2006 e 2018, respectivamente (World Medical Association, 2006; Conselho Federal de Medicina, 2018). Historicamente, cada uma dessas revisões nasce a partir mudanças no tecido social ou então por avanços científicos e tecnológicos de determinadas áreas. Por exemplo, avanços tecnológicos que permitem prolongar a vida em pacientes graves provocam novas discussões sobre a medicina paliativa. A expansão e o aprofundamento das redes sociais levam a debates sobre a telemedicina, e assim por diante. Em ambos os documentos mencionados, se mantém a estrutura ambígua entre ética e moral que havíamos reconhecido no juramento hipocrático. O código brasileiro mais recente deixa claro em seu preâmbulo ser composto por princípios, normas e disposições gerais, em outras palavras, um jovem herdeiro de toda uma tradição que existe há milênios.

Além disso, podemos encontrar em nossa vizinhança um outro campo de saber que nos oferece alternativas para a reflexão sobre o fazer médico. Estou me referindo à bioética, campo de estudo transdiciplinar composto por direito, filosofia, ciência da saúde e ciências biológicas. Trata-se de uma área que nasce em resposta aos absurdos da Segunda Guerra Mundial e do nazismo, quando médicos – em nome da ciência – cometeram crimes assombrosos contra o ser humano. Assim, a bioética se desenvolveu e deu sua resposta: a ciência não é mais importante do que o homem. Desde então, ela se tornou uma área que se ocupa da vida humana, animal e ambiental, principalmente em questões que não parecem encontrar consenso, por mais que sejam tratadas e debatidas. A bioética se debruça sobre temas espinhosos como o uso de transgênicos, a reprodução humana, o aborto, a clonagem, a eutanásia, a responsabilidade de cada cientista em relação às suas pesquisas com seres vivos etc. Esta é uma área que inclui o campo médico, mas que o ultrapassa em extensão.

Nesse contexto, dois filósofos norte-americanos, Tom Beauchamp e James Childress, publicaram o livro *Principles of biomedical ethics* (1979). Nele há a proposição de quatro princípios fundamentais que poderiam orientar certas práticas humanas, entre elas, a medicina. Esse livro consolida uma corrente dentro da bioética que parece orbitar mais em torno da ética do que da moral. Os quatro princípios enunciados por esses filósofos são:

1. Autonomia

2. Não maleficência

3. Beneficência

4. Justiça

Dessa forma, a bioética nos oferece quatro princípios que não nos dizem exatamente *o que* fazer, mas *por que* fazer. Quando usamos este método diante de dilemas éticos, temos agora quatro ideais que deveriam sentar e conversar detalhadamente antes que decisões ou ações pudessem ser tomadas. Da mesma forma que trabalha um alfaiate, podemos empregar esses quatro elementos para tentar costurar uma resposta sob medida em torno de cada situação que se nos apresenta.

52   ÉTICAS

Por exemplo, lembro-me vivamente de um impasse que ocorreu alguns anos atrás, no contexto do que nós, paulistanos, nos habituamos infelizmente a chamar de "Cracolândia". À época, o governo do município havia se decidido, mais uma vez, por tomar a via higienista – a força policial invadira o assentamento dos moradores da região a fim de desfazer aquele sintoma social à força e por decreto. Depois, algumas das pessoas que viviam naquelas condições foram encaminhadas para o serviço de assistência social, onde lhes foram oferecidas as possibilidades de dormir e se alimentar em instituições da prefeitura, de desempenhar atividades laborais minimamente remuneradas e de receber assistência médica clínica e psiquiátrica.

Naquele tempo eu trabalhava como psiquiatra de um dos hospitais de pronto-atendimento da cidade. Durante um dos meus plantões, um ex-morador da ex-Cracolândia chegou pois estava necessitado de medicações para conter sua reação de abstinência ao uso de drogas. Ao longo do atendimento, enquanto me contava sua história, ele disse algo que me marcou:

> *Agora eu estou dormindo numa cama limpa, tenho a comida do "bandejão" e posso vir aqui me tratar. Mas tem alguma coisa estranha nisso, doutor – não me sinto mais eu mesmo. Por pior que fosse, ali era a minha casa, minha e dos meus conhecidos. Eu durmo naquele colchão e não sei mais quem sou. Esquisito né? Acho que vocês devem achar a gente bem esquisito. Mas isso é o que é.*

Pois é. A quem não pareceria uma boa ideia salvar um morador de rua dando-lhe uma vida digna? Ou ao menos uma vida que parecesse digna aos nossos olhos, mergulhados dentro de nosso recorte socioeconômico e de nossos valores. *Justiça?* Claro. *Beneficência/não maleficência?* Sem dúvida. Apenas a *autonomia* do paciente atrapalhava o projeto. Esse paciente poderia ter sido "salvo" de sua condição, não fosse o pequeno detalhe de que se pode tirar alguém da miséria, mas a miséria não sai de dentro das pessoas assim tão fácil. Nesse caso, o higienismo parece atender mais à nossa necessidade de amor-próprio, engenhosamente disfarçada de justiça social, competência clínica, caridade etc.

Vamos recomeçar; puxemos quatro cadeiras e deixemos os princípios bioéticos sentarem e acertarem suas contas. Aqui, o caminho que se abre parece quase impossível. Inventar algum modo de ajuda a esse paciente de forma a respeitar que – ao menos por enquanto – o seu sentimento de existência passe por morar ali, naquele lugar que nos parece tão esquisito. No entanto, a fala dele nos empurra para essa direção. Se insistirmos melancolicamente no higienismo, veremos que a Cracolândia costuma se recompor em poucos meses.

Além dos princípios e das regulamentações que balizam o trabalho clínico, existe uma outra dimensão da prática médica, talvez em especial da prática psiquiátrica, que também deveria ser levada em conta na discussão ético-moral. Estou me referindo aqui ao poder da comunidade médica de definir a diferença entre o que é normal e o que é patológico. Visitemos primeiro os lugares onde isso funciona relativamente bem.

A clínica médica é constituída por dois pilares fundamentais: a relação médico-paciente e o método anatomoclínico. Na história da medicina, esse último é o seu aspecto mais recente e mais técnico, apresentando-se como um ritual que deve ser realizado em busca das causas do adoecimento. O médico parte da clínica: a coleta e a organização de sinais e sintomas dentro de conjuntos que se repetem. Depois, esses conjuntos, chamados também

54   ÉTICAS

de síndromes, são ligados a possíveis causas específicas (etiologia), que deverão ser atacadas para reestabelecer o estado de saúde dos doentes. Esse tipo de dinâmica funciona perfeitamente em certos casos da clínica cirúrgica ou da clínica infectológica, por exemplo. Alguns vírus ou bactérias podem produzir alterações clínicas tão singulares que podemos supor sua ocorrência mesmo sem apelar para a propedêutica armada. Por conta desse lastro biológico-orgânico tão determinista, esses são os casos nos quais há certa facilidade de se estabelecer o que é normal e o que é patológico.

Por outro lado, temos a inespecificidade etiológica que predomina em diversas outras especialidades, entre elas a psiquiatria. No próprio Instituto de Psiquiatria do Hospital das Clínicas, a grande maioria dos pacientes que circulam diariamente em seus ambulatórios nunca teve sequer um exame de sangue ou de imagem alterado. São pacientes que sofrem enormemente com depressões, ansiedades, pânicos, transtornos obsessivos-compulsivos (TOC), angústias etc., e em quem não conseguimos encontrar alterações orgânicas que embasem ou justifiquem seus sintomas. O modo como cada um de nós entende essa falta de clareza a respeito das causas dos sintomas psiquiátricos nos divide em três grupos, sendo dois deles marcados por uma esperança exagerada em sistemas epistemológicos distintos. O primeiro é formado pelos crédulos que fazem um uso dogmático das neurociências. Estes dirão que a falta de clareza sobre o motivo dos sintomas é um problema que será superado com o tempo – em breve todo o sofrimento mental poderá ser rastreado a uma base orgânica e tratado em sua raiz com intervenções biológicas. Do outro lado temos o mesmo tipo de radicais, mas estes acreditam cegamente na psicanálise ou em alguma outra linha psicoterápica – creem piamente que todo e qualquer sofrimento psíquico pode ser completamente explicado e tratado com base nos processos inconscientes (ou em outros sistemas simbólicos alternativos). É só uma questão de paciência para que o processo analítico possa se instalar e nos salvar de toda a dor.

O terceiro grupo, em busca de um caminho do meio, não pode perder de vista que alguns tipos de sofrimento mental encontram causas orgânicas específicas. Certos tipos de anemia podem levar a quadros depressivos. Alterações endocrinológicas da tireoide ou das glândulas suprarrenais podem se ligar a sintomas maníacos. Quaisquer alterações no tecido neurológico podem provocar uma variedade de sintomas psíquicos. E há também os casos nos quais observamos sintomas psiquiátricos tão dramáticos que parecem de fato estar ligados a algum tipo de organicidade ainda não reconhecida, apenas tateada. Cito os casos extremos de autismo, para ficar com um exemplo marcante.

No entanto, talvez a maior parte do sofrimento mental dos pacientes que se encontram em território psiquiátrico se apresente como um mistério, e aparentemente a clínica nos mostra que pode haver intervenções interessantes tanto de um lado como do outro, desde que respeitadas as diferenças e a independência de cada uma das abordagens.

Em síntese: na infectologia, na cirurgia e na endocrinologia etc., os diagnósticos de patologia estão firmemente apoiados em alterações orgânicas constatadas objetivamente. Por outro lado, se a maioria dos pacientes que hoje se encontram sob cuidados psiquiátricos não apresentam um lastro orgânico que inscreva seu sofrimento na biologia, como seus diagnósticos foram cunhados? Pois bem, a resposta é que eles foram criados a partir da experiência clínica, pelas opiniões subjetivas e depois por consenso entre diversos especialistas de cada área. Psiquiatras em todo o mundo sempre trabalharam para agrupar pacientes com sintomas semelhantes, supondo que talvez eles também compartilhassem outras características entre o corpo e a mente que pudessem ser pesquisadas.

E é aqui que a crítica mais contundente em geral se coloca à nosologia psiquiátrica. Os diagnósticos da psiquiatria se erguem muitas vezes em torno de opiniões subjetivas e consensos arbitrários sobre o que é e o que não é patológico.

Os médicos que se ocupam da definição dos diagnósticos psiquiátricos trabalham sobre questões do tipo: quanto dura o trabalho de luto normal? Um mês? Seis meses? Um ano? Seria o mesmo tempo para crianças, adolescentes e adultos? O tipo da perda interfere nesse intervalo de tempo? Quais são os tipos de perda? Etc. Pois uma vez traçada essa linha, o que estiver do lado de cá será consensualmente considerado como luto normal, e para além dela estaremos entrando na região da patologia. Seguramente são decisões que serão tomadas de forma arbitrária. Sim, elas serão tomadas a partir de debates pela busca de consensos entre os maiores estudiosos e especialistas sobre o tema, mas ainda assim serão arbitrárias em boa medida. E é exatamente sobre tal brecha da subjetividade e da arbitrariedade que se infiltram – de formas consciente e inconsciente – preconceitos e outras forças que escapam ao interesse clínico.

O exemplo mais clássico talvez ainda seja o da homossexualidade. O desejo homossexual vem sendo tão recalcado pelos diversos povos e culturas humanas que ele já esteve na lista criminal de muitos países. Depois, passou a figurar nos compêndios de transtornos mentais, até finalmente poder sair dali. Nos dias de hoje, a depender da região do globo, ainda será possível encontrar – de forma surpreendente – o homoerotismo em uma dessas duas esferas de proscrição social, crime ou doença.

Um dos manuais diagnósticos de referência no campo psiquiátrico é o *Manual Diagnóstico e Estatístico de Transtornos Mentais* (DSM). Desde sua primeira versão, em 1952, até a sua terceira versão, revisada em 1987, a homossexualidade esteve classificada de uma forma ou de outra como transtorno mental passível de ser diagnosticado e, por consequência do discurso médico, tratado. No entanto, se em todo o campo das ciências naturais e humanas nunca houve evidência consistente de que a homossexualidade pudesse ser transtorno ou doença, o que será que sustentou por tanto tempo tal posição institucionalizada?

Hoje em dia, as questões que se referem à transexualidade sofrem o mesmo destino, e ainda são arrastadas à força para dentro do território da patologia médica. Em sua versão mais atual, em 2013 o *DSM V* deixou de classificar a transexualidade como transtorno mental, deslocando o foco diagnóstico para a expressão *disforia de gênero*. A ideia aqui é que a transexualidade, *a priori*, não é um transtorno mental, mas que a incongruência entre o corpo biológico e a identidade de gênero pode levar um sujeito a experimentar grande sofrimento mental. Assim, o diagnóstico não é a identidade de gênero em si, mas o sofrimento que pode ou não advir dela, a depender da observação de cada caso em particular. Mais uma vez estamos em uma região complexa, pois se por um lado a existência desse diagnóstico nos faz ficar atentos para indivíduos em situação de risco e vulnerabilidade, por outro, a presença dessa expressão dentro de um tradicional manual de diagnóstico psiquiátrico pode operar de forma a reforçar o estigma e o preconceito que rondam este lugar de existência subjetiva-identitária.

E não são apenas os preconceitos que exploram a fragilidade inerente ao processo de determinar e categorizar o sofrimento psíquico humano. Uma outra entidade que se aproveita dessa brecha são as empresas farmacêuticas. Estas muitas vezes exercem pressão política e econômica para a criação de novos diagnósticos, que passarão a ser explorados como novos mercados para a venda de novos produtos. Não é necessária muita pesquisa para verificar que os sistemas de diagnósticos psiquiátricos encontram-se em expansão territorial – um movimento de patologização de inúmeros aspectos da vida humana até então não colonizados. O tema é novamente intrincado, pois precisamos sempre levar em conta que esse movimento pode sim ajudar muitos indivíduos a serem identificados em seu sofrimento e em suas necessidades clínicas. Mas, por outro lado, é fundamental ligar tal expansão do território psiquiátrico com a ascensão da curva de lucros das indústrias farmacêuticas nos últimos anos.

O sociólogo Zygmunt Bauman, arguto observador dos nossos tempos, identificou a mesma dinâmica na área da medicina estética. Em seu livro *44 cartas do mundo líquido moderno* (2011), há um capítulo chamado "Agora é a vez dos cílios". Ali, ele descreve claramente como um valor cultural estético foi sequestrado pelo campo médico para favorecer a venda de produtos por uma determinada empresa. O texto começa dizendo que em geral, culturalmente, cílios espessos e longos são considerados mais belos do que aqueles rarefeitos e curtos. E então relata:

> *Normalmente, são poucas as mulheres que fazem dessa deficiência uma tragédia. Menor ainda é o número daquelas que a consideram uma doença, uma aflição a exigir terapia radical, como o câncer de mama ou a infertilidade. Dá para tolerar viver com poucos cílios, incômodo que sem dúvida pode ser mitigado ou disfarçado facilmente, quando necessário, com algumas camadas de rímel.*

> *Nada disso é preciso, porém, desde que a poderosa empresa farmacêutica Allergan (a mesma que agraciou as mulheres preocupadas com rugas de expressão com o cosmético para preenchimento facial Botox) anunciou um diagnóstico: a rarefação dos cílios está rela-*

cionada a uma doença [hipotricose ciliar] que exige intervenção médica. Felizmente, contudo, havia sido descoberta uma cura eficaz para o mal na forma de uma loção chamada Latisse. A loção é capaz de fazer crescer cílios até então ausentes, alongando-os e espessando-os, para lhes conferir um aspecto mais marcante; mas isso desde que a loção seja usada todos os dias – até à eternidade. (p. 73)

Se mantivermos a estrutura do comentário de Bauman sobre o interesse do capital pela medicina, é possível pinçar os termos "poucos cílios", "hipotricose ciliar", "Allergan" e "Latisse" e permutá-los por diversas outras palavras advindas do campo psiquiátrico. É nesse terreno que encontramos a comercialização da felicidade por meio de inúmeras propagandas maliciosas de antidepressivos e outros psicofármacos. Este marketing trabalha para que as experiências emocionais desprazerosas sejam encaradas necessariamente como doenças, e não como parte das nuances de qualquer vida humana. Ou não chama a atenção de mais ninguém o fato de que existem medicações psiquiátricas que têm nomes como *Concerta* ou *Serenata*?

O estudo desses fenômenos sociais é de extrema importância para o nosso tema, pois é por meio dele que constatamos que a ciência e o discurso médico ajudam a fabricar o próprio tecido moral de cada época. Em outras partes deste texto, pudemos compreender que a ética surge a partir da reflexão sobre os imperativos da moral. A moral vinha antes, e a ética, depois. Aqui encontramos o avesso de tal fórmula, ao perceber que a moral de cada povo é (ou ao menos deveria ser) construída por meio de profunda reflexão ética de seus indivíduos, em especial aqueles apontados pela população para ocupar cargos representativos nas diversas esferas do poder público. É desse modo que os dois termos passam de uma relação cronológica para uma mais dialética.

Ética psicanalítica

Sintoma e *cura* são palavras que carregam sentidos muito diferentes quando comparamos o campo médico ao psicanalítico. Se nos demorarmos um pouco sobre tais diferenças, estaremos em melhores condições de enunciar e discutir certos aspectos específicos da ética psicanalítica.

Como ponto de partida, tomemos o exemplo de um paciente que venha se sentindo cansado, com febre, tenha tosse purulenta e falta de ar. Um médico não levará muito tempo para diagnosticar o quadro de pneumonia infecciosa, e deverá lhe receitar antibiótico e sintomáticos. A medicação interferirá no ciclo de vida das bactérias que se proliferam no tecido pulmonar, e logo a infecção será debalada. *Restitutio ad integrum.* Aqui, chamo a atenção para o fato de que aquela colônia de bactérias que infiltrara os pulmões do paciente mantinha uma ligação predominantemente biológica com aquele sujeito. Sim, o paciente em questão poderia dar um conjunto de significados pessoais para o seu adoecimento, mas todo esse processo acontecia em paralelo ao processo infeccioso. As bactérias não romperam o campo simbólico, elas romperam o real da barreira imunológica e invadiram um órgão do corpo humano, tornando-se uma entidade alienígena ao ser infectado. Quando foram eliminadas, a saúde pôde ser restituída sem nenhum tipo de prejuízo para o paciente. Com a exceção de alguns casos – que serão visitados mais adiante –, podemos dizer que o paciente não perde nada de suma importância para si ao ser curado de seu estado mórbido.

Neste ponto, algum defensor mais ferrenho do reino simbólico poderia argumentar que não temos como dizer que as bactérias romperam apenas o campo biológico, pois dependemos das palavras para descrever suas ações. Assim, se não houver palavras, não haverá experiência subjetiva, e nenhuma bactéria terá invadido pulmão algum. Pois bem, dentro desta discussão, poderíamos responder que ficamos muito satisfeitos em ter uma palavra específica para "oxigênio" em nossa língua – e até mesmo uma fórmula química que indica sua estrutura molecular, "O_2". Não fosse assim, seguindo tal lógica purista, deveríamos todos morrer asfixiados pela falta da experiência simbólica de trocar oxigênio por gás carbônico em nível pulmonar. Em outras palavras, é possível dizer que sim, esculpimos nossa realidade subjetiva por meio da linguagem, mas o real de nossa biologia existe independentemente deste fato.

Deslizemos agora da pneumologia para a psiquiatria. Nosso próximo paciente sofre crises de pânico graves, tem picos de ansiedade terríveis associados ao medo de estar passando por um ataque cardíaco. Já frequentou inúmeros prontos-socorros, já realizou extensas investigações clínicas, já conheceu mais cardiologistas em um mês do que conheceremos durante toda a vida. Diante de sofrimento tão grave, todos os seus médicos assumem sua impotência: a asculta é limpa, os eletrocardiogramas são monotonamente normais, e o paciente é tão saudável que mais parece um atleta correndo durante o seu teste de esforço físico. Ele recebe conselhos para tentar descansar e relaxar – o que o deixa ainda mais ansioso –, antes que a psiquiatria lhe seja indicada como a próxima parada de seu itinerário. A contragosto – pois não é louco –, o paciente marca um horário com o psiquiatra. Este o acolhe, explica que a causa de seus sintomas é multifatorial (desconhecida), mas que pode tentar curá-lo com a ajuda de ansiolíticos. E, dessa forma, os ataques de pânico vão sendo tratados a partir das mesmas premissas que a infecção pulmonar. Mas teriam essas crises tão pouco valor simbólico para este paciente como no caso da pneumonia?

Do ponto de vista da psicanálise, certamente não. Em um capítulo subsequente – "O modelo psicológico dinâmico" –, a história de como Freud criou a psicanálise a partir de impasses médicos com um determinado tipo de pacientes será explorada em detalhe. Por ora, talvez seja suficiente dizer que o neurologista definiu sua criação da seguinte forma:

> *Psicanálise é o nome:*
>
> *– de um procedimento para a investigação de processos psíquicos que de outro modo são dificilmente acessíveis;*
>
> *– de um método de tratamento de distúrbios neuróticos, baseado nessa investigação;*
>
> *– de uma série de conhecimentos psicológicos adquiridos dessa forma, que gradualmente passam a constituir uma nova disciplina científica. (Freud, 1923/2011, p. 274)*

E o que nos diz esse procedimento, quando aplicado a muitos dos pacientes que buscam ajuda por conta de sofrimento psíquico? Em mais de 120 anos de existência clínica e teórica, o método psicanalítico continua fornecendo o mesmo tipo de informação. A saber, que boa parte dos sintomas psiquiátricos – por mais excêntricos e distantes que aparentem estar do eu – não são completamente estranhos ao corpo e à mente de seus anfitriões. E, por isso mesmo, eles não podem ser eliminados sem que haja prejuízo para o sujeito em questão. Pelo contrário, os sintomas estão no mesmo grupo dos sonhos – produções de nosso aparelho mental que contêm camadas e mais camadas de sentido. E não conseguimos ter acesso *a priori* a esses significados, pois estes estão sendo mantidos em estado inconsciente por ação de forças que são elas mesmas inconscientes. E o nome do procedimento capaz de realizar este processo de tradução dos sonhos e dos sintomas, de mim para eu mesmo, não é outro senão psicanálise.

E assim começamos a vislumbrar um horizonte ético distinto, pois estamos esbarrando na impotência médica – tantas vezes atestada pela clínica – em livrar nossos pacientes de certos sintomas. Isso ocorre não pelo atraso tecnológico das medicações, pela falta de pesquisas sobre o cérebro ou então por falhas na formação médica, *mas pela própria natureza/estrutura de tais sintomas*. Mais uma vez: eles são partes de cada sujeito que pedem para serem decifradas, e não bactérias que demandam extermínio. Neste caso a ética higienista falhará, absolutamente. Talvez seja oportuno retomar aqui a história da Cracolândia, mas dessa vez na forma de uma alegoria do trabalho clínico.

A Cracolândia se forma por um conjunto de forças sociais latentes, muitas vezes não reconhecidas como tais pelo poder público. Se a instituição policial pode dissipá-la na marra, por outro lado, o conjunto de forças ocultas que fabrica o sintoma permanece intocado. E é por isso que esse sintoma social irá se reorganizar em pouco tempo. A Cracolândia não é alheia ao nosso tecido social. Ela é engendrada por todos nós enquanto cidadãos de nossa cidade. *A priori* não conseguimos reconhecer os intrincados mecanismos que fazem isso acontecer, mas estamos ativamente e a todo momento participando de uma forma ou de outra na sua (re)construção. Em alguma medida, somos todos responsáveis por ela. Trata-se de uma miséria social que diz respeito a quem somos enquanto membros de nossa sociedade. E aqui encontramos um modelo que pode ser transposto *ipsis litteris* para o trabalho clínico com determinados tipos de sofrimento mental.

Por exemplo, tomemos o caso de um paciente que buscou ajuda clínica por conta de um sentimento contínuo de raiva, tristeza e desesperança a respeito do mundo e de sua própria existência. Em uma primeira avaliação, ele se apresentou com o humor gravemente deprimido, além de ter ideias constantes sobre tirar a própria vida – o que estava totalmente de acordo com a sua visão de mundo naquele momento. Ele se afogava nos seus sintomas e estendia o braço pedindo que alguém o puxasse para cima. Sua médica respondeu a isto puxando-o com sua postura, com suas palavras e também com medicações. Depois de alguns meses, tais medidas foram efetivas: ele se sentia um pouco melhor e demonstrava alguma gratidão pelo resgate.

Mas se por um lado o paciente já não se sentia afundando naquele buraco escuro, por outro, boa parte de seu mal-estar ainda persistia. Apesar de todas as experiências positivas possíveis e acessíveis em sua vida, apenas o que era negativo lhe convocava a atenção. Por todo lado, o ser humano e o sistema eram podres. Por todo lado, havia apenas a crueldade que existe no mundo e em nossa sociedade. Os inúmeros moradores de rua que encontrava no dia a dia lhe provocavam uma angústia sem igual. Depois de voltar de uma viagem ao exterior, em vez de poder contar à sua médica o quanto havia aproveitado suas férias, tudo o que ele podia fazer era falar a respeito de um menino com deformidade nos pés a quem a mãe esquecera de comprar os calçados corretos para que ele pudesse caminhar sem dor. Negligências e desamparos por toda a parte.

Sim, o ser humano e suas sociedades podem ser mais cruéis do que qualquer outro animal da natureza. Sim, o sistema econômico globalizado produz (e requer) bolsões de pobreza extrema.[2] Sim, os serviços de saúde e assistência social de nosso país sofrem de inanição pelas sucessivas políticas públicas de sucateamento. Mas o que chama a atenção no caso desse paciente é o fato de que apenas essas imagens e informações pareciam existir aos seus olhos. E aqui nossa colega encontra-se num impasse clínico e ético. Isso porque ela poderia insistir com suas ferramentas químicas e simbólicas de modo a consertar a psique desse paciente. Ela poderia adotar uma política higienista e tentar debelar tais núcleos depressivos e de desamparo à força. No entanto, ela intui que esse tipo de ação costuma levar à quebra do vínculo terapêutico, e também que quaisquer melhoras que pudessem ser apresentadas nesse sentido levariam a consequências próximas àquelas da higienização da Cracolândia. Se a miséria psíquica desse paciente fosse sufocada, é possível que seu sentimento de identidade fosse colocado em xeque. Além disso, se ambos levassem em frente o projeto de limpeza mental, provavelmente os sintomas se reorganizariam dentro de pouco tempo. É como ocorre no centro de nossa cidade: a superfície fica limpa temporariamente, mas as forças que produzem a miséria permanecem invisíveis e intocadas.

O caminho que se apresenta como alternativa gera muito mais trabalho para a dupla.

E se considerarmos que quando esse paciente fala do mundo, da sociedade e dos governos negligentes com seus cidadãos, ele está se referindo a alguma parte de si mesmo ainda não reconhecida? E se ao fundo das figuras dos mendigos e do menino com deficiência ortopédica pudéssemos nos deparar com representações

---

2 Ou não é espantoso o fato de que conseguimos imaginar e fotografar pela primeira vez na história da humanidade um buraco negro – numa parceria que envolveu o trabalho conjunto de inúmeros países – enquanto ainda existem crianças no mundo que morrem por desnutrição?

do desamparo psíquico do próprio paciente? E se todos esses personagens fossem também fantasias inconscientes que ele sustenta a respeito de si mesmo, projetadas no mundo externo sobre a miséria que de fato existe na sociedade? Isso não daria sentido ao seu comportamento de – mesmo tendo recursos sociais e materiais – negligenciar profundamente sua vida, deixando sua casa com frequência se transformar num lixão? E não é relevante ao sintoma o fato de ele ter sofrido inúmeras negligências de figuras parentais e de outros cuidadores ao longo de sua vida?

Enfim, a consideração por todas essas ideias só poderia mesmo nos arrastar para um outro ponto de vista ético, no qual nenhum desses sintomas pode ser removido, eliminado ou higienizado. Pelo contrário, o trabalho possível se torna aquele de acompanhar e testemunhar a jornada desse paciente ao longo da tomada de consciência sobre novos sentidos para o seu sintoma. Em vez de consertar o que está quebrado ou limpar o que está sujo, descobrimos a alternativa ética do *saber o que é desconhecido* e *reconhecer quem somos*. A partir desse vértice, não é pequeno o trabalho necessário às personalidades dos dois envolvidos. Eles se verão confrontados com um longo e doloroso trabalho de elaboração de seu próprio narcisismo, buscando abrir mão do lugar sedutor da onipotência clínica em relação ao sofrimento. Eles também lutarão para não se afogar nos sentimentos de frustração, impotência e desesperança. A navegação deverá seguir entre a superpotência inflada e a impotência esvaziada, bojadores tão comuns que distorcem a prática clínica. Se puderem realizar juntos e separados este trabalho de luto, a dupla estará a caminho de um horizonte propriamente psicanalítico.

Uma outra perspectiva ética se abre quando examinamos os tipos de ganho que um sintoma pode trazer a seu portador.

É fato conhecido que um enfermo costuma receber maior atenção e cuidados de seus amigos e familiares. Quantas vezes a arte já não explorou a figura do doente que, depois de curado, continua a se fazer doente para receber os benefícios aos quais se acostumou? Além disso, a depender da gravidade de sua condição, o paciente poderá ser dispensado de suas obrigações acadêmicas, laborais e sociais. O atestado de horas; a licença médica por um dia; um afastamento de semanas ou meses abonado pelo sistema de seguridade social. Nos casos mais graves, uma aposentadoria permanente é o reconhecimento pelo Estado de que tal indivíduo se encontra num estado mórbido tão grave a ponto de não reunir condições para arcar com suas responsabilidades. Pois bem, e que nome damos a todo esse conjunto de benefícios, objetivos e subjetivos? No campo médico e psicológico, tais benesses são chamadas de *ganhos secundários ao sintoma*. Aqui, o termo secundário poderia ser considerado um mero conectivo a respeito da origem do ganho: "ganho secundário ao sintoma" poderia ser substituído por "ganho devido ao sintoma". Mas não é esse o verdadeiro significado do termo *secundário*. Seu sentido mais justo é a oposição à expressão *ganho primário*, que parece ter desaparecido ao longo do tempo. Mas então o que significa *ganho primário ao sintoma*?

Deixemos a clínica se manifestar a respeito dessa pergunta – ela sempre tem muito a dizer. Gostaria de apresentá-los a uma paciente que um dia conheci num ambulatório do Hospital das Clínicas (HC) conhecido como Soma – corruptela de "Ambulatório de Transtornos Somatoformes". Trata-se de uma jovem mulher que se apresentava com o grave sintoma de paralisia das duas pernas, e que não podia andar por conta própria havia muitos anos. Sua alternativa era deslizar por aí em sua cadeira de rodas, decorada com o zelo que uma menina tem por sua bicicleta. Diante de sintoma tão grave e que havia impactado tanto sua vida, meu espanto não encontrava correspondência em sua reação afetiva ao narrar sua história. Ela se locomovia, tanto em sua cadeira como em suas narrativas, com um certo frescor, uma certa leveza... Talvez até, arrisco dizer... "alegria"? E a cada consulta ela me trazia a sua pasta. Era uma enorme pasta sanfonada que guardava toda a sua história clínica desde que dera entrada no hospital de alta complexidade. O carinho que dedicava à pasta só era menor do que o orgulho com o qual a exibia. Exames, relatórios, laudos e nem uma única alteração orgânica que pudesse justificar sua deficiência. Em um compartimento delicadamente reservado, uma lista com os nomes e as fotos de cada profissional que já a atendera, todos eles derrotados pelo enigma do seu sintoma.

Seria demais pedir ao leitor que enxergue o intenso investimento libidinal que essa pessoa faz – sem o saber, é claro – em seu sintoma? O fenômeno está ali, para quem quiser e puder vê-lo. Ela sente satisfação, desfruta, curte, tira um barato, enfim, goza inconscientemente com seu sintoma. É isso o que ela ganha e não sabe. Eis aqui o nosso misterioso conceito de ganho primário.

O segundo exemplo é um pouco mais simples, mas não menos didático. Trata-se de um paciente que sofria de uma insônia que lhe parecia subjetivamente terrível, mesmo não sendo tão terrível assim aos meus critérios objetivos. E quando lhe dava minha opinião, dizendo que achava seu sofrimento legítimo mesmo já tendo visto casos piores, isso parecia lhe ferir o orgulho de alguma forma. E a cada medicação tentada havia um novo prazer, pois ela falhava e sua insônia triunfava como uma vigorosa entidade da natureza que não pode ser contida. Certa vez ele disse que sentia pavor da ideia de que sua insônia fosse a insônia mais grave do mundo, o que o colocaria na posição de alguém que nunca poderia ser ajudado por médico algum. Sua fantasia ainda se alongava sobre este ponto, transformando-o num objeto de estudo que causava fascínio e perplexidade numa junta dos maiores especialistas internacionais sobre o tema. Sua satisfação narcísica e inconsciente quase não se esconde mais quando ele põe as coisas nesses termos, não?

O que nos ensinam esses dois casos? Eles nos mostram que devemos ter cuidado com o que os pacientes nos solicitam. Ambos os exemplos fizeram o mesmo apelo sincero: *Por favor, por tudo o que é mais sagrado, me ajude a me livrar do meu sintoma!* No entanto, se calibrarmos nossos sentidos e pusermos em foco os ganhos primários envolvidos, veremos que o buraco é mais embaixo. Porque cada um deles coloca seu médico numa encruzilhada entre dois pedidos diferentes, um mais próximo e outro mais distante da superfície de sua consciência.

O primeiro a estabelecer a distinção entre os dois ganhos de um sintoma foi Freud, numa nota de rodapé de seu famoso texto "Análise fragmentária de uma histeria ('O caso Dora')" (1901/2016c). Depois dele veio Lacan, que ampliou a ideia do ganho primário por meio do conceito de *jouissance* (gozo, satisfação). Em seu texto "O lugar da psicanálise na medicina" (1966/2001), o psicanalista francês esclareceu a diferenciação entre *demanda*, o pedido de ajuda mais imediato que faz cada paciente, e *desejo*, a satisfação alcançada por meio do ganho primário. Ele diz:

> *Quando o doente é enviado ao médico ou quando o aborda, não digam que ele espera pura e simplesmente a cura. Ele põe o médico à prova de tirá-lo de sua condição de doente, o que é totalmente diferente, pois isto pode implicar que ele está totalmente preso à ideia de conservá-la. Ele vem às vezes nos pedir para autenticá-lo como doente. Em muitos outros casos ele vem pedir, do modo mais manifesto, que vocês o preservem em sua doença, que o tratem da maneira que lhe convém, ou seja, aquela que lhe permitirá continuar a ser um doen-*

70 ÉTICAS

te bem instalado em sua doença. Será que terei que evocar a minha experiência mais recente? Um formidável estado de depressão ansiosa permanente, que durava já há mais de vinte anos. O doente veio me encontrar no terror de que eu fizesse a mínima coisa que fosse. Diante da simples proposta de me rever em 48 horas, a mãe, temível, que durante este tempo tinha acampado em minha sala de espera, tinha conseguido arranjar as coisas para que isso não fosse possível.

Isso é de experiência banal, só o evoco para lembrar-lhes que a significação da demanda, a dimensão em que se exerce a função médica propriamente dita e para introduzir aquilo que parece fácil de abordar e que entretanto só foi interrogado em minha Escola: a estrutura da falha que existe entre a demanda e o desejo.

A partir do momento em que se faz essa observação, parece que não é necessário ser psicanalista, nem mesmo médico, para saber que, no momento em que qualquer um, seja macho ou fêmea, pede-nos, demanda alguma coisa, isto não é absolutamente idêntico, e mesmo por vezes é diametralmente oposto àquilo que ele deseja. (p. 10)

Assim, se o paciente deseja se manter na posição de doente, é porque ele extrai satisfação a partir desse lugar. Tal ganho é uma espécie de satisfação na insatisfação – um "barato" que se pode tirar de um castigo, de uma autopunição ou de um infortúnio. É um conceito limite entre dor e prazer, uma dor que de tão doída se torna prazerosa, ou um prazer que de tão intenso chega a doer. E tudo isso se passa em um ponto cego a cada um de nós, ao passo que um observador externo percebe esses fatos com muito mais clareza. Mas "satisfação" e "barato" talvez sejam termos "limpos" demais para se descrever a experiência em questão. Na língua francesa, Lacan escolheu a palavra *jouissance* para se referir a este tipo de vivência – palavra que encontra sua tradução por "gozo" na língua portuguesa.

Se a medicina e a psicologia se comprometem a ouvir e a responder às demandas, a ética psicanalítica se orienta muito mais pela dimensão do gozo específico de cada ser humano. Buscamos escutar a satisfação presente nos sintomas não para autorizá-la ou para reprimi-la, mas simplesmente para fazer que nossos pacientes possam reconhecer e se responsabilizar por ela. Mais uma vez, a técnica é menos ortopédica do que investigativa.

O sofrimento psíquico caracterizado por esse tipo de satisfação inconsciente é chamado de sofrimento neurótico. Gozo e sofrimento neurótico são as duas faces de uma mesma moeda, e o reconhecimento de um pode transformar a qualidade e a intensidade do outro. Sobre o gozo presente no sofrimento neurótico, Freud enuncia mais um aspecto da ética da psicanálise ao final de seu livro "Estudos sobre a histeria" (1895/2016a):

> *Repetidas vezes, quando lhes prometia ajuda ou alívio pelo tratamento catártico, tive de ouvir de meus doentes a objeção: "Você mesmo diz que meus padecimentos se ligam provavelmente a minhas circunstâncias e vicissitudes: nisso você nada pode mudar; de que maneira então, quer me ajudar?". A isso eu pude responder: "De fato, não duvido que seria mais fácil para o destino do que para mim eliminar seu sofrimento: mas você se convencerá de que muito se ganha se conseguirmos transformar sua miséria neurótica em infelicidade*

comum. Desta última você poderá se defender melhor com uma vida psíquica restabelecida." (p. 427)

Felicidade? Ortopedia do gozo? Nada disso. A ética psicanalítica busca apresentar o sujeito às suas formas inconscientes de satisfação. Dessa forma ele não se tornará completo, realizado, "resolvido". Ele apenas estará em condições de sofrer de infelicidades comuns, sem a ampliação produzida pelo fantasma neurótico ignorado.

Existem ao menos duas formas de *jouissance* que nos interessam ao examinar a fronteira entre a ética médica e a ética psicanalítica. A primeira delas se refere à satisfação de um desejo bem específico, a saber, *o desejo de que o desejo de outrem não se realize*. Certa vez, durante um período difícil de análise, ouvi de uma paciente: "Não adianta, nós podemos fazer quantas sessões forem necessárias, podemos dizer tudo o que puder ser dito entre duas pessoas – eu não vou melhorar!".

O curioso dessa frase é que ela não foi dita num tom de lamento, mas sim por alguém que estava protegendo sua posição com unhas e dentes. E isso vindo de uma pessoa que buscou análise justamente para receber ajuda! Mais uma vez, o fenômeno pode ser traduzido dentro da chave freudolacaniana. A paciente demandava alívio sintomático de seu sofrimento neurótico, mas ela experimentava um gozo profundo ao me ver falhar em minha tarefa analítica. E é justamente nesse tipo tão comum de fenômeno clínico que vemos os princípios éticos da beneficência/não maleficência naufragar tantas vezes. E como poderia ser diferente, uma vez que a vida inconsciente nos apresenta fatos tão absurdos?

Um outro exemplo desse gozo está documentado por Freud em sua obra magna, *A interpretação dos sonhos* (1899/2016b). É por meio desse livro que o pai da psicanálise fundamenta seu argumento central sobre os sonhos e sobre os sintomas neuróticos: eles são realizações de desejos infantis inconscientes e recalcados. Enquanto constrói sua tese, há um episódio curioso com uma de suas pacientes. Esta lhe conta que havia sonhado que viajava para uma casa de campo com sua sogra, figura a quem era avessa e de quem queria distância. Assim, com esse sonho ela invalidava toda a teoria de Freud: como um sonho de união com essa sogra poderia realizar algum desejo? Pois bem, sonhar com a companhia da sogra realizava justamente o desejo inconsciente de que a teoria de Freud sobre os sonhos estivesse errada! E quantos pacientes em consultórios, enfermarias, ambulatórios e pronto-atendimentos não se apresentam dessa mesma forma, esperando uma oportunidade para poder ver fracassar o poderoso discurso médico de nossos tempos?

Neste ponto, talvez não passe despercebido estarmos diante de um prazer profundamente enraizado na infância. Confrontados com a superioridade física e psíquica dos adultos, não testemunhamos os pequenos se divertindo com os nossos deslizes? Os exemplos se multiplicam aos montes, mas tenho em mente uma situação em que o engano de um pai ao escolher um desenho na Netflix gerou uma memória de intensa satisfação em sua filha: "Pai, lembra aquele dia em que você apertou o botão errado, lembra?". A cena era relembrada pela menina quase diariamente, com uma forte dose de satisfação libidinal. Aqui encontramos uma importante camada da psicossexualidade infantil que pode se atualizar frequentemente na vida adulta, ao vermos alguma figura de autoridade se atrapalhar, ou ser constrangida.

A segunda forma de gozo que seguramente interfere com as práticas médica e psicanalítica, e com qualquer outra forma de cuidados entre os seres humanos, é o que Freud descobriu clinicamente e nomeou como *reação terapêutica negativa*. Este estranho

74 ÉTICAS

evento é definido por Laplanche e Pontalis em seu *Vocabulário da Psicanálise* (1982/2001):

> *Fenômeno encontrado em certos tratamentos psica-*
> *nalíticos como tipo de resistência à cura especialmen-*
> *te difícil de superar: cada vez que se poderia esperar*
> *uma melhora do progresso da análise, produz-se um*
> *agravamento, como se certos sujeitos preferissem o so-*
> *frimento à cura. Freud liga este fenômeno a um senti-*
> *mento de culpa inconsciente inerente a certas estrutu-*
> *ras masoquistas. (p. 424)*

Podemos obter algum esclarecimento desse conceito se observarmos as seguintes situações:

- Um paciente diabético letrado e ciente de seu estado de saúde, mas que mesmo assim negligencia bastante o seu tratamento. Pouco a pouco ele consegue provocar danos a sua visão e seus pés, e finalmente se lança em direção à hemodiálise. Tinha os melhores médicos e toda a tecnologia à sua disposição, mas acabou se boicotando de diversas formas.

- Um paciente descobre ser portador do vírus HIV e, mesmo depois de ter se instruído sobre sua condição mediante leitura de inúmeros artigos científicos, prefere não buscar ajuda médica, movido por alguma força obscura.

- Uma mulher que parece viver com uma nuvem preta sobre a cabeça, e que repetidamente se envolve em acidentes automobilísticos graves.

- Um rapaz que após grande avanço terapêutico decide por interromper as sessões sem maiores motivos que justifiquem sua escolha.

- Uma mulher gravemente deprimida que já havia passado por diversos tratamentos sem resposta adequada. Quando uma tragédia se abateu sobre o seu seio familiar, seus sintomas cederam pela primeira vez em mais de dez anos.

Os casos citados foram resumidos, mas talvez possamos aprender algo que surge ao longo do trabalho psicanalítico com cada um deles. Se perguntarmos a cada uma dessas pessoas se elas experimentam algum tipo de sentimento de culpa, a resposta seria invariavelmente negativa. Por outro lado, se olharmos com atenção, todos eles se colocam em situações de prejuízos graves para si mesmos. A análise de alguns revela a existência de uma intensa necessidade inconsciente de punição. A de outros nos informa que a melhora da condição clínica gera uma angústia extrema, como se pensassem *"eu não mereço melhorar"*. O último caso talvez seja o mais instrutivo: nele o destino se impõe como uma força mais eficaz para punir a paciente do que seu sintoma, e este acaba perdendo sua função. No fundo, a necessidade de punição pode ser rastreada até o seu elemento mais profundo – o paradoxal sentimento de culpa inconsciente.

Para os psicanalistas que acompanham o argumento do texto, gostaria de mencionar que a reação terapêutica negativa é um evento clínico que também pode ser estudado a partir do conceito da pulsão de morte. No entanto, quero privilegiar aqui, com fins didáticos, os casos nos quais o fenômeno se apoia no gozo superegoico em maltratar o eu, expiando um sentimento de culpa inconsciente. O eu, por sua vez, também pode experimentar gozo numa posição masoquista, buscando insaciavelmente o primeiro carrasco que lhe passar pela frente. Apesar do uso de linguagem técnica psicanalítica, acredito que estes acontecimentos não são uma prerrogativa da psicanálise. Podemos ver a reação terapêutica negativa em ação em quaisquer tipos de tratamento que tragam alguma ajuda a seus pacientes. Estes, por não tolerarem se ver em melhores condições, boicotam o tratamento e buscam o gozo masoquista no sintoma por acreditarem – de forma inconsciente, claro – que aquilo é o que realmente merecem.

O estudo da reação terapêutica negativa também nos leva a rever outros fenômenos como o azar ou a questão da autoestima. Muitas vezes ouvimos falar ou até mesmo convivemos com pessoas que nos parecem verdadeiramente azaradas. Se algo pode lhes passar mal, isso seguramente irá acontecer. Para este segundo tipo de expressão do sentimento de culpa inconsciente, Freud reservou o nome *neurose de destino*. A psicanalista Luciana Saddi (2015) traduz essa ideia de forma cristalina:

> *Há pessoas que vivem perseguidas por um destino funesto – como se houvesse uma força demoníaca marcando sua existência. Falamos de uma crença em algum tipo de fracasso ou sofrimento que, antecipadamente, modela o futuro.*
>
> *Benfeitores que acreditam que sempre serão pagos com a ingratidão. Amigos constantemente traídos. Mulheres mal amadas ou usadas continuamente, porque estão destinadas a se apaixonarem pelos homens errados. Pessoas que têm certeza que nunca terão sucesso nos negócios, apesar dos esforços ou que não se sairão bem nos estudos. . . .*
>
> *É de se perguntar o quanto crenças e fantasias tão arraigadas contribuem para a repetição do destino funesto. Quem sempre espera, acaba por alcançar, diria o senso comum. Pode ser verdade. A Psicanálise nos ensina que o medo do êxito é poderoso, é influenciado pelo*

sentimento de culpa inconsciente que exige punição e castigo e, muitas vezes, sobrepuja o desejo de sucesso, nos lançando em direção à repetição compulsiva do que causa dor.

Além disso, observamos que o masoquismo do eu também pode ser frequentemente acompanhado de um outro tipo de satisfação – o gozo narcísico. Isso porque em alguns casos testemunhamos a elevação moral de um sujeito por meio de sua jornada de dor contínua. São pessoas que parecem purificadas, talvez mesmo santificadas pelo seu sofrimento. Santos que nos olham de cima para baixo com condescendência, sendo a altura de seu pedestal proporcional ao tamanho de sua miséria. Seguem a política do "quanto pior, melhor", sem ter a mínima ideia de que o custo de sua ascensão espiritual é a destruição de sua própria vida terrena.

Ao longo do caminho para elucidar alguns elementos da ética psicanalítica, deparamo-nos com fenômenos complexos, descritos em termos clínicos e teóricos por psicanalistas que nos antecederam. De saída, examinamos as diferenças entre a ética higienista e a ética da tradução em relação ao sintoma psíquico. Depois, adentramos o sombrio terreno do ganho primário, conduzidos pelo conceito de gozo (*jouissance*). Por último, nos detivemos sobre dois tipos de gozo específicos: aquele que surge quando o desejo de outrem não se realiza, e um segundo que se refere à satisfação que o eu colhe na expiação de seu sentimento de culpa.

No entanto, esse conjunto de observações é mediado por aquilo que talvez seja o eixo central da ética psicanalítica. Estou me referindo ao quanto cada um consegue mobilizar e sustentar a *curiosidade pela vida psíquica inconsciente*. Quando e onde essa inclinação predominar, estaremos nos movimentando em direção ao campo psicanalítico. A busca pelos fenômenos inconscientes que é levada a sério coloca nossa realidade percebida em crise, e um processo analítico mais amplo fará desmoronar tudo aquilo que tínhamos como solo firme. Muitas vezes um paciente em análise terá a sensação de estar correndo pela ponte da realidade enquanto ela vai desabando logo atrás de seus pés. Só lhe restará seguir em frente, rumo a uma outra representação do que é real, representação esta que deverá incluir agora os obscuros acontecimentos da psicologia profunda.

Lacan designou esse tipo de desejo específico como o *desejo do analista*, ou seja, desejo de que o processo de análise ganhe terreno e se aprofunde. Devemos sempre ficar atentos para distinguir esse tipo de desejo de todos os outros que inevitavelmente nos ocorrem com cada paciente. Desejamos que o paciente se case, que se separe, que estude tal tema, que não estude outro tema, que se mude de casa, que não saia de onde está, que diga isto, que não diga aquilo etc. Em nenhum desses desejos mais imediatos vislumbramos a especificidade do *desejo do analista*, desejo de que o processo analítico siga seu próprio curso independentemente de nossos preconceitos e preferências, dissolvendo e promovendo novas camadas de sentido desconhecidas para ambos na dupla de trabalho clínico.

Entre o desejo de saber e o desejo de ignorância a respeito de tais processos, há um filme que empresta a este conflito uma imagem precisa. Trata-se de *Matrix* (Wachowski & Wachowski, 1999), um filme de ficção científica distópico apoiado na estética *cyberpunk – low life, high tech*. O protagonista do filme leva uma vida dupla. Durante o dia ele é Thomas Anderson, funcionário de uma respeitável empresa de programação. Pela noite ele responde por Neo, *hacker* que já cometeu todos os tipos de infração cibernética e que vive atormentado por um enigma: o que é a Matrix? Neo sabe que a resposta desse mistério passa pelo personagem chamado

Morfeu, e todo o início do filme é uma preparação para o encontro entre eles. Quando isso acontece, eles iniciam um diálogo que poderia muito bem ter acontecido no início de uma análise. Morfeu fala a Neo:

> *"Eu imagino que no momento você deva estar se sentindo um pouco como a Alice, descendo pela toca do coelho?"*
>
> *"Acho que sim."*
>
> *"Dá pra ver pelos seus olhos. Você tem o olhar de um homem que aceita o que vê porque está esperando acordar. Ironicamente, isso não está longe da verdade. Você acredita em destino, Neo?"*
>
> *"Não."*
>
> *"Por que não?"*
>
> *"Porque eu não gosto da ideia de que eu não estou no controle da minha vida."*
>
> *"Eu sei exatamente o que você quer dizer. Deixe-me dizer por que você está aqui. Você está aqui porque você sabe de algo. O que você sabe você não consegue explicar. Mas você o sente, você o sentiu a sua vida inteira:* há algo de errado com o mundo. *Você não sabe o que é, mas está lá, como uma farpa na sua mente, o enlouquecendo. É este o sentimento que o trouxe até mim. Você sabe do que eu estou falando?"*

E Neo concorda. Em seguida, Morfeu fala sobre o mistério. Ele diz que a Matrix está por toda a parte, e que podemos senti-la a todo instante. Trata-se de um mundo que foi colocado diante

80   ÉTICAS

de nossos olhos para nos cegar da verdade. Uma prisão que não podemos perceber, uma prisão para nossa mente. Infelizmente, não podemos dizer a alguém o que é essa prisão, cada um precisa vê-la por si próprio. E então Morfeu pega duas pílulas em sua mão, oferecendo a Neo duas opções: "Se você tomar a pílula azul, a história acaba aqui. Você vai acordar na sua cama e vai poder acreditar no que você quiser acreditar. Se você tomar a pílula vermelha, você fica no País das Maravilhas, e eu lhe mostro até onde vai o buraco do coelho".

E entre o desejo de saber e o desejo da ignorância, Neo fica com o primeiro, o que faz toda a trama do filme se movimentar adiante. A duras penas ele rompe com sua realidade mais imediata, para descobrir em sua própria pele a prisão na qual estava sendo contido. Por outro lado, perto da metade do filme, um outro personagem trilha o caminho inverso ao de Neo. Após ter se deparado com a verdade sobre o que é a Matrix, Cypher acha difícil tolerá--la, e faz um acordo para retornar ao seu estado de ignorância. Ele também havia tomado a pílula vermelha, mas, agora, opta pela metáfora da pílula azul. Enquanto come um pedaço de carne, ele diz: "Eu sei que esse *steak* não existe. Eu sei que quando o coloco em minha boca a Matrix está dizendo a meu cérebro que ele é suculento e delicioso. Depois de nove anos, sabe o que eu percebi? *Ignorância é uma benção*".

Para além da ficção científica, temos no filme um diálogo entre duas tendências da psique humana. Perseguir a verdade até suas últimas consequências ou o conforto que encontramos na ignorância. Pílula vermelha e pílula azul – duas posições em torno das quais todo ser humano orbita continuamente. A ética analítica – o desejo do analista – não busca anular o gozo na ignorância – esse não é um projeto possível nas condições da existência humana. Talvez o que possamos almejar é que haja um predomínio, mesmo que discreto, da satisfação pela busca da verdade a respeito dos processos inconscientes sobre a tendência em não querer saber de nada. É apenas na medida em que conseguirmos alçar e sustentar tal posição que avançaremos em direção a uma ética propriamente psicanalítica.

Nota final

Ao explorarmos o complexo tema da ética psicanalítica, fiz uma opção que privilegiou o tom didático e introdutório. Escolhi priorizar imagens teórico-clínicas que falassem sobre a *desconstrução* de estruturas psíquicas já consolidadas, como o sintoma neurótico. O filme *Matrix* oferece justamente uma analogia para este tipo de processo – a possibilidade de rupturas dentro de um intrincado sistema já em operação. Dessa forma, a partir da decomposição desses fenômenos, poderíamos nos aproximar da noção de *jouissance* e de suas implicações no trabalho clínico. No entanto, acho que vale a pena deixar registrado que o trabalho de desconstrução de fenômenos e estruturas psíquicas corresponde a apenas uma parte do trabalho psicanalítico e de sua ética. A outra grande parte talvez possa ser sintetizada em torno da ideia de *construção* de elementos psíquicos ao longo da experiência emocional dentro de um vínculo junto ao paciente. Nesse sentido, encontraremos autores que defendem que a ética fundamental da psicanálise é a disposição do psicanalista para se traumatizar com aspectos ainda não representados da psique de cada paciente, e que o trabalho clínico se assenta sobre a construção de novos símbolos a partir de tal encontro traumático.

82 ÉTICAS

Referências

Arendt, H. (1999). *Eichmann em Jerusalém – Um relato sobre a banalidade do mal.* São Paulo: Companhia das Letras. (Trabalho original publicado em 1963).

Bauman, Z. (2011). Agora é a vez dos cílios. In Z. Bauman, *44 cartas do mundo líquido moderno.* Rio de Janeiro: Zahar.

Beauchamp, T. L., & Childress, J. F. (1979). *Principles of biomedical ethics.* New York: Oxford University Press.

Bouzon, E. (2000). *O Código de Hammurabi.* Introdução, tradução do texto cuneiforme e comentários. 8a ed. Petrópolis: Vozes.

Conselho Federal de Medicina. (2018). *Código de Ética Médica.* Recuperado de: https://portal.cfm.org.br/images/PDF/cem2019.pdf

Foucault, M. (1996). *Vigiar e punir* (R. Machado, Trad. e Org.). Rio de Janeiro: Graal. (Trabalho original publicado em 1975).

Freud, S. (2011). "Psicanálise" e "Teoria da libido" (Dois verbetes para um dicionário de sexologia). In S. Freud, *Obras completas* (P. C. L. Souza, Trad., Vol. 15, pp. 274-308). São Paulo: Companhia das Letras. (Trabalho original publicado em 1923).

Freud, S. (2016a). Estudos sobre a histeria. In S. Freud, *Obras completas* (P. C. L. Souza, Trad., Vol. 2, pp. 18-427). São Paulo: Companhia das Letras. (Trabalho original publicado em 1895).

Freud, S. (2016b). *A interpretação dos sonhos.* Porto Alegre: L&PM. (Trabalho original publicado em 1899).

Freud, S. (2016c). Análise fragmentária de uma histeria ("O caso Dora"). In S. Freud, *Obras completas* (P. C. L. Souza, Trad., Vol. 6, pp. 173-320). São Paulo: Companhia das Letras. (Trabalho original publicado em 1901).

Hipócrates. (1990). Juramento. In *Tratados Hipocráticos I*. Madrid: Editorial Gredos.

Lacan, J. (2001). O lugar da psicanálise na medicina. *Revista Opção Lacaniana*, (32), 8-14. (Trabalho original publicado em 1966).

Laplanche, J., & Pontalis, J.-B. (2012). *Vocabulário da psicanálise*. 5a ed. São Paulo: Martins Fontes. (Trabalho original publicado em 1968).

Lévi-Strauss, C. (2017). O feiticeiro e sua magia. In C. Lévi-Strauss, *Antropologia estrutural*. São Paulo: Ubu. (Trabalho original publicado em 1949).

Libreria Editrice Vaticana. ([s.d.]). El Antiguo Testamento, Exodo. In *Biblia*. Recuperado de: http://www.vatican.va/archive/ESL0506/__P20.HTM

Machado de Assis. A idéia do Ezequiel Maia. (1994). In Machado de Assis, *Obra completa* (Vol. II). Rio de Janeiro: Nova Aguilar. (Texto original publicado em 1883). Recuperado de https://www.literaturabrasileira.ufsc.br/documentos/?action=downlo ad&id=27965

Wachowski, A., & Wachowski, L. (Diretores). (1999). *The Matrix* [DVD]. New York: Warner Bros.

Saddi, L. (c. 2015). Neurose de destino. *PsiBr*. Recuperado de https://psibr.com.br/colunas/luciana-saddi/neurose-de-destino

World Medical Association. (2006). The WMA International Code of Medical Ethics. Recuperado de: https://www.wma.net/wp-content/uploads/2006/09/International-Code-of-Medical-Ethics-2006.pdf

O modelo psicológico dinâmico

Introdução

Este trabalho foi apresentado no III Congresso de Clínica Psiquiátrica do Instituto de Psiquiatria do Hospital das Clínicas de São Paulo. Ele compartilhou o período de uma manhã junto a dois outros trabalhos, um sobre o modelo cognitivo-comportamental e outro sobre o modelo neurocientífico. Em cada uma dessas apresentações foi solicitado aos autores que organizassem seu pensamento de forma a supor que os interlocutores nunca houvessem ouvido falar sobre o tema. Dessa forma, tanto a linguagem como o fio condutor do texto que se segue foram calibrados conforme tal solicitação. O resumo apresentado na chamada para o evento era o seguinte:

> *Este texto busca pensar a complexidade do objeto de estudo psiquiátrico e psicanalítico: a alma humana. Esta complexidade requer organização metodológica, e isso foi o mote para o trabalho singular de Karl Jaspers. O*

86   O MODELO PSICOLÓGICO DINÂMICO

artigo segue parte da trajetória de Freud na criação de um novo método, a psicanálise, método que se diferencia de todos os outros pela investigação sistemática de fenômenos que estão fora de nossa consciência. Apoiado em material clínico, são introduzidos os conceitos de associação livre e o exame da relação entre médico e paciente como ferramentas essenciais para o acesso aos elementos inconscientes no contato clínico. Por fim, este modelo traz contribuições não só à clínica psiquiátrica, mas também ao estudo do que nos faz humanos.

A organização metodológica de Jaspers

A diversidade de modelos existentes na clínica psiquiátrica é um reflexo da complexidade do nosso objeto de investigação: a alma humana. Uso o termo *alma* não em seu sentido místico ou religioso, como uma alma penada etérea que se move em uma outra dimensão e que vez ou outra nos visita. Escrevo alma com a ideia daquilo que somos em nossa intimidade, aquilo que habita nosso organismo e exerce uma força de dentro para fora por intermédio de nossas vidas. A linguagem corrente tenta apreender essa ideia também com outros termos como personalidade, jeito de ser ou subjetividade.

No campo da psiquiatria, a percepção desta complexidade não é recente. O modelo biopsicossocial de Engel é um desenvolvimento do trabalho realizado pelo psiquiatra e filósofo alemão Karl Jaspers, em 1913, na sua obra magna: *Allgemeine Psychopatologie* (Psicopatologia Geral). Em seus estudos preparatórios para o ensino superior, Jaspers já flertava com a filosofia, mas decidiu se ocupar da medicina e depois da psiquiatria, pois acreditava que esses eram os campos do conhecimento que melhor revelavam o ser humano e sua condição. Apesar de seu interesse, uma doença chamada bronquiectasia limitava seus pulmões e seu fôlego clínico. O psiquiatra ficou impedido de dedicar importantes horas aos pacientes da Clínica Psiquiátrica da Universidade de Heidelberg. A alternativa encontrada por ele foi solicitar ao diretor do departamento, na época Franz Nissl (inventor da coloração para estudo histológico que ainda hoje leva seu nome), que o autorizasse a fazer um estudo teórico a partir dos dados reunidos na biblioteca da universidade. Este foi o terreno onde Jaspers pôde perceber com clareza a confusão de métodos e informações existentes dentro da biblioteca e dos médicos de sua época. O resultado foi o livro supracitado, que curiosamente, marca o ápice e o final de sua trajetória na psiquiatria em direção à filosofia existencialista. Jaspers já havia percebido que a dualidade de nossa existência pede um cuidado epistemológico.

Isso que somos, nossa alma, está situada em uma posição peculiar, pois ela existe entre a biologia, regida pelas leis impessoais da natureza, e a cultura, que por essência é uma construção humana constante e infinita. Diante da primeira, aplica-se o método das ciências naturais, que busca explicar um efeito por uma causa de modo impessoal. Diante da segunda, as ciências humanas nos ajudam a compreender cada indivíduo do modo mais pessoal possível, e usamos como um estetoscópio os saberes conquistados pela filosofia, história, ciências sociais, antropologia, entre outros.

O nascimento da psicanálise

Agora posso lhes dizer que o modelo psicológico dinâmico nasce das mãos de Sigmund Freud e da insuficiência dos métodos anteriormente citados para ajudar os pacientes que o procuravam

88 O MODELO PSICOLÓGICO DINÂMICO

em sua clínica. Freud se formou médico e depois neurologista na Universidade de Viena, onde veio a conhecer um professor que o marcou: Ernst Brücke. Brücke era um cientista renomado por suas pesquisas sobre a fisiologia do organismo humano. Ele personificava a ciência natural e seu método na busca por explicar as alterações psicopatológicas a partir de alterações físico-químicas. Freud era muito afeito a este tipo de trabalho, permaneceu como seu assistente por longo período e foi autor de ampla pesquisa sobre as afasias e sobre a histologia do sistema nervoso. Em suas biografias, descobrimos que esteve muito perto de ser o primeiro homem a descrever a estrutura molecular de um neurônio. Tamanha influência do professor e das ciências naturais pode ser medida no nome de seu primogênito: Ernst Freud.

Além disso, o neurologista também tinha em alta conta as ciências humanas. Freud teve uma formação acadêmica clássica, permeada pela filosofia, história e literatura. Era poliglota, conseguia ler e se comunicar em alemão, francês, inglês, espanhol, italiano, hebraico, latim e grego. Em seus textos podemos observar citações das mais diversas: trabalhos neurocientíficos, estudos sobre mitologia, artigos de filosofia, romances, teatro e artes plásticas, entre outros. A implicação que tinha com seus pacientes e o nível de detalhe com que conseguia descrever suas vivências são impressionantes. Foi um fenomenologista arguto. Seus relatos clínicos são extensos e minuciosos, e seus pacientes se tornaram famosos no anonimato: Anna O., Caecilie M., Emmy von R., Katharina, Lucy R., Dora, o Pequeno Hans, o Homem dos Ratos, o Homem dos Lobos. Ele os atendia quatro, cinco e seis vezes por semana. Em todos os casos podemos observar o profundo comprometimento e a vontade de dedicar horas de sua vida para poder se aproximar mais e mais da alma de cada um deles. O resultado é que cada um desses pacientes emerge de suas descrições com uma vivacidade próxima à dos grandes personagens literários.

Portanto, se Freud estava habituado aos métodos das ciências naturais e das ciências humanas, qual o desafio que não pôde ser explicado ou compreendido pelas leis da biologia ou da cultura? O que o levou a criar um novo campo do conhecimento – a psicanálise? A resposta está no paradigma clínico de sua época: a *histeria*. Atualmente esse termo é traduzido nos almanaques diagnósticos por transtorno somatoforme e descreve pessoas que apresentam sintomas neurológicos, motores ou sensitivos, por aumento ou perda de função. Trata-se de cegueiras, paralisias, anestesias, parestesias, balismos, coreias, crises de perda de consciência, afasias etc. A histeria como entidade clínica existe desde a Grécia antiga, sendo que a palavra deriva do termo em grego para nomear o "útero", revelando a maior prevalência desses sintomas entre as mulheres. Estes eram os pacientes que lhe provocavam maior curiosidade, e a comunidade médica de sua época discutia sobre a possível causa de sua condição. Uma das correntes acreditava na etiologia orgânica, ou seja, que a manifestação de tais sintomas poderia ser explicada com base na degeneração do cérebro e dos nervos desses pacientes. Como curiosidade, as hipóteses biológicas se aproximavam das primeiras teorias inventadas pelos gregos: de que o útero das mulheres estaria ressecado pela falta de relações sexuais e que então ele andaria pelo corpo em busca de umidade. Os sintomas seriam a consequência dessa atividade migratória e da irritação das partes internas atravessadas pelo órgão aflito.

Contrário a essas conjecturas, em 1885 Freud consegue uma bolsa de estudos para ir até o hospital Salpêtrière em Paris. Ele estava em busca de Jean-Martin Charcot, que mais tarde daria nome a outro de seus filhos. Charcot era um expoente da neurologia que se interessava pela clínica da histeria e que conduzia experimentos revolucionários. Em suas famosas demonstrações, ele colocava pacientes sob hipnose, em um outro estado de consciência, e então lhes fazia sugestões que inibiam ou exacerbavam seus sintomas.

90 O MODELO PSICOLÓGICO DINÂMICO

De modo ainda mais impressionante, ele conseguia sugestionar a irrupção de novos sintomas e fazê-los surgir mesmo depois de terminada a sessão de hipnose. Suas experiências são um marco, e revelaram que o método a ser usado na investigação desses pacientes não deveria ser o biológico – afinal, como uma doença orgânica e impessoal pode ter tamanha plasticidade à sugestão hipnótica?

Ao retornar a Viena, Freud estreitou seus vínculos pessoais e profissionais com outro médico, Josef Breuer. Este já havia lhe contado sobre o atendimento a Bertha Pappenheim, chamada sob sigilo de Anna O., entre 1880 e 1882. Tratava-se de uma mulher que sofria de graves sintomas histéricos: paralisia de seus braços e pernas, contraturas musculares, distúrbios visuais, incapacidade para comer ou beber mesmo com fome e sede, e a perda da capacidade de falar sua língua materna, o alemão. Por um longo período Breuer a visitava diariamente e observou que Bertha havia criado um novo método para seu próprio tratamento. Ela mesma se colocava numa espécie de estado hipnótico no qual falava sobre fantasias e memórias que não lhe estavam disponíveis durante o estado de vigília. O médico ouvia com atenção sua fala, intensa nos afetos, relacionada ao período no qual Bertha havia cuidado de seu pai doente até o momento de seu falecimento. Quando retornava desse estado, Breuer lhe contava o que ela havia dito e percebia um fenômeno surpreendente. Bertha ficava muito emocionada, e o experimento lhe permitia recuperar memórias e descarregar afetos que até então não estavam presentes em sua consciência. Ao mesmo tempo, ambos notavam que esse processo trazia uma expressiva melhora dos sintomas que ela vinha experimentando. A paciente chamou esse processo de *talking cure* e de *chimney sweeping* ("cura pela fala" e "limpeza da chaminé", curiosamente em inglês, pois estava impedida de falar alemão por sua histeria), imagens que ilustram o método de catarse que haviam inventado.

E aqui neste ponto incide nosso interesse – a existência de um sintoma no plano consciente que representa memórias e afetos que estão fora desse campo, que se encontram em estado *inconsciente*. Essa é a ideia que não podíamos encontrar até então em qualquer método psicopatológico disponível, fosse nas ciências naturais ou nas ciências humanas. Tratava-se de um novo campo epistemológico. Até então, a palavra psicologia era equivalente ao campo da consciência. Esta nova prática estendia o campo de observação até os fenômenos para além da consciência, ou seja, era *metapsicológica*. Freud nomeia seu método de psicanálise a partir do ponto em que abandona a hipnose, a sugestão e a catarse para acessar os processos psíquicos inconscientes. Pouco a pouco, ele e seus pacientes iriam fabricar novas ferramentas clínicas para ter acesso a tais experiências.

O inconsciente, um estrangeiro em mim

Assim, o modelo psicológico dinâmico nasce em profunda intimidade com a medicina e com a psiquiatria, justamente pelo embaraço destas com pacientes que apresentavam certos sintomas como a histeria (transtorno somatoforme), a neurose obsessiva (transtorno obsessivo-compulsivo), os quadros de angústia perene ou aguda (transtorno de ansiedade generalizada, ataques de pânico) e as fobias. Desde esse momento inaugural até os dias de hoje, a prática psicanalítica confirma repetidamente a existência de tais fenômenos e sua relação conjugal com diversos sintomas encontrados na clínica psiquiátrica. Poderíamos pensar que se o campo da psicodinâmica fosse uma árvore frondosa, sua raiz e tronco seriam a psicanálise. Freud contou com muitos desenvolvedores de sua obra, como Klein, Winnicott, Bion, Lacan, entre outros inúmeros psicanalistas que continuam essa expansão a cada dia que

92 O MODELO PSICOLÓGICO DINÂMICO

passa. A árvore ainda inclui o psicodrama e outros discípulos que romperam com o corpo clínico-teórico psicanalítico para fundar escolas à parte, como Adler e Jung. Mesmo fora da psicodinâmica, diversos autores da análise do comportamento usam concepções freudianas para desenvolver seu pensamento teórico e clínico.

Passamos agora a um terreno mais movediço. Eu lhes disse que o modelo em questão investiga o inconsciente. Mas o que é o inconsciente? Podemos dizer que se trata de uma terra estrangeira e desconhecida, mas que se localiza dentro de cada um de nós e que a todo momento influencia de modo discreto, mas seguro, a nossa vida consciente. A ideia da existência de processos inconscientes é no mínimo indigesta, porque golpeia nosso sentimento de identidade e controle sobre nós mesmos, assim como fomos golpeados com as revoluções promovidas por Galileu e por Darwin. Mas então, se a contribuição que a psicanálise pode fornecer não se encontra diretamente acessível aos nossos sentidos ou à nossa consciência, como entrar em contato com nossa vida inconsciente? Aqui, acho que a inversão da pergunta pode nos ajudar a pensar. De que modo somos impedidos de conhecer aquilo que é inconsciente? Pois bem, não vamos ganhar acesso a essas informações por meio das técnicas de entrevista estruturada. Podemos perguntar a nossos pacientes sobre seu inconsciente, mas, de modo bastante coerente, eles pouco poderão nos responder a respeito disso. O essencial a este método não está presente em informações obtidas por perguntas objetivas. Pelo contrário, a troca coerente e racional de perguntas e respostas muitas vezes está em função de evitar que outras informações sobre o íntimo daquela pessoa possam surgir diante de nós. Aquilo que dentro de nós é inconsciente está sendo ativamente mantido nesse estado, justamente porque sua emergência ao plano consciente nos provoca desprazer. Assim, no modelo psicológico dinâmico evitamos as entrevistas estruturadas por se mostrarem enganosas em relação ao que queremos conhecer. Não existe algo como uma anamnese do inconsciente.

Para complicar: vocês podem buscar esses conhecimentos a partir das teorias psicanalíticas ou em supervisões sobre os pacientes que acompanham. No entanto, a maneira privilegiada para se conhecer os fenômenos inconscientes é que o próprio médico se submeta a uma análise pessoal. Em seu texto "Recomendações ao médico que pratica a psicanálise" (1912/2010), Freud nos dá sua justificativa sobre essa necessidade fundamental:

> *Quem levar a sério este trabalho deveria eleger esse caminho [análise pessoal], que promete várias vantagens; o sacrifício de franquear a intimidade a um estranho, sem que a enfermidade o obrigue a isso, é amplamente recompensado. A pessoa não apenas realiza muito mais rapidamente e com menor gasto afetivo a intenção de tomar conhecimento do que traz oculto em si mesma, como adquire na própria carne, por assim dizer, impressões e convicções que procura em vão nos livros e nas conferências. . . .*

> *Mas quem, como analista, desdenhou a precaução de analisar a si mesmo, não apenas se vê castigado com a incapacidade de aprender mais que uma certa medida de seus pacientes, corre também um perigo mais sério e que pode se tornar perigoso para os outros. Ele facilmente cairá na tentação de projetar sobre a ciência, como teoria de validade geral, aquilo que em obscura percepção ele enxerga das peculiaridades de sua própria pessoa, carreando descrédito para o método psicanalítico e desencaminhando os inexperientes. (pp. 157-158)*

94 O MODELO PSICOLÓGICO DINÂMICO

No campo psiquiátrico, o paciente é o outro, transtornado por sintomas que ameaçam sua vida, sua capacidade de amar e trabalhar. O médico se encontra na posição de não doente, aquele que não vivencia o sintoma. No campo psicanalítico as coisas são diferentes. Estamos todos no mesmo barco. A vida metapsicológica é comum aos seres humanos, e a linha que separa o que é considerado normal e patológico se torna borrada. Passamos a observar que saúde e doença psíquica estão próximas, muito próximas, e separadas por um fino equilíbrio. As recomendações e precauções de Freud permanecem atuais. Ainda hoje o modelo psicológico dinâmico nos solicita o esforço da análise pessoal, tanto para cuidar de nosso instrumento de trabalho como para impedir distorções em nossa percepção.

Instrumentos de trabalho

Enfim, tenha o leitor já passado ou não por algum trabalho psicanalítico ou psicodinâmico, vou falar um pouco mais sobre esta clínica. Em relação à técnica, a psicanálise se desenvolve a partir do momento que abre mão da hipnose. Pouco a pouco, outros instrumentos são forjados para buscar o acesso à terra estrangeira. Em especial, vou falar sobre a *associação livre* e o exame da *relação* entre médico e paciente.

A associação livre também é chamada de "regra fundamental da psicanálise". É uma técnica de fala que difere radicalmente da anamnese médica ou de qualquer outro tipo de entrevista para obter informações relevantes de nossos pacientes. Ela é formulada da seguinte maneira: pede-se que o paciente busque reduzir sua autocrítica e passe a falar sobre os pensamentos que lhe ocorrem, especialmente sobre conteúdos que lhe pareçam estranhos ou sem qualquer relevância para seu tratamento. Em uma bonita metáfora, Freud compara o exercício da associação livre com a situação em que uma pessoa viaja de trem e se põe a descrever as paisagens que são observadas durante a jornada a um colega à bordo. Após nosso pedido, alguns pacientes irão falar como se estivessem a fazer isso por toda a sua vida. Outros acharão a tarefa extremamente complicada. De qualquer forma, fiquemos atentos para as ideias e imagens que nos serão apresentadas: elas poderão trazer informações fundamentais sobre o que está se passando fora da consciência daquela pessoa.

Há algum tempo recebi um paciente que se queixava de se sentir muito ansioso em praticamente todas as relações de sua vida, e, mais recentemente, desenvolvia picos de angústia intoleráveis, o que o fez buscar ajuda profissional. Durante nossos primeiros encontros, percebi que ele tinha muita dificuldade de falar sobre si e frequentemente se atinha apenas a descrever seus sintomas do modo mais preciso e objetivo possível. Foi então que decidi lhe fazer o convite a associar livremente, e ele me disse:

"Nossa, isso é difícil... [certo período em silêncio] vamos ver... qualquer coisa que passar na cabeça, né? Está bem... olha, já adianto que não tem nada a ver, mas o que me ocorreu agora foi que ontem eu estava falando com um amigo ao telefone. Ele é um bom amigo, sabe que estou passando por um período difícil com essa ansiedade toda e parecia preocupado comigo. Mas a cada pergunta que ele fazia sobre meu estado eu ficava cada vez mais desconfiado. Pensava comigo mesmo: por que será que o fulano está tão interessado na minha vida pessoal? Será que ele vai usar essas informações para me prejudicar? Sabe, nós trabalhamos juntos e temos muitos amigos em comum, nós sempre nos vemos. Eu não acho que ele de fato vai fazer isso, mas na hora não conseguia pensar em outra coisa."

Em seguida, seu fluxo de pensamento se interrompeu de forma brusca. Eu puxava assunto, perguntava algo aqui e ali, mas suas respostas eram curtas, herméticas. A minha sensação era a de que ele havia feito um fechamento repentino e absoluto ao contato. Fechou a porta na minha cara. Depois de algum tempo dentro dessa mesma dinâmica, eu escolhi fazer esta intervenção:

"Você me dizia que aquele seu bom amigo estava interessado no seu mal-estar, e a cada pergunta que ele fazia você ficava mais desconfiado."

"Sim."

"Eu fiquei pensando: será que você sente isso aqui também?"

Seu rosto é inundado pelo sangue, e ele dá risadas nervosas.

"Isso é meio absurdo, mas eu acho que sim..."

Depois, ele pareceu ficar mais à vontade em sua roupa e em seu corpo, puxou para baixo o nó de sua gravata até que ela se afrouxasse e se acomodou com menos rigidez na cadeira que ocupava. E então continuamos a conversar associativamente.

Um elemento interessante se revela nesta vinheta clínica. No modelo médico, a investigação diagnóstica e a terapêutica estão separadas em dois tempos diferentes, primeiro uma e depois a outra. No método psicanalítico, a investigação metapsicológica e o tratamento são sincrônicos, estão entrelaçados no mesmo instante. Vamos insistir um pouco mais neste exemplo. Quando o convidei a associar livremente, *algo* dentro daquele paciente selecionou uma memória entre infinitas outras que poderiam ter tomado o seu lugar. Não tomaram, aquela foi "a escolhida". A memória que ele me relatou fazia alegoria de ansiedades que ele estava sentido durante aquela entrevista. Ele me disse que um bom amigo estava preocupado com seu estado de saúde e lhe dirigia perguntas íntimas. Isso o fez sentir desconfiança pela exposição e pelo possível uso dos conteúdos relatados contra ele mesmo. Por inferência, lhe fiz uma interpretação na qual considerei que o contato com a minha pessoa poderia estar lhe provocando um sentimento muito próximo àquele. Observem que a memória que se impôs sobre sua consciência não tratava apenas de algum assunto distante, localizado fora da sala onde estávamos e sobre outras pessoas. Pelo contrário, em forma de analogia, ela também se dirigia diretamente à nossa *relação* e a uma experiência emocional que estava em curso enquanto conversávamos. Quando ele se deu conta disto, arrastando sua desconfiança do estado inconsciente para seu campo de consciência, houve uma liberação de afetos, e ele pôde se sentir mais à vontade na cadeira, em sua roupa, consigo mesmo e também comigo.

Tomo a observação da relação entre médico e paciente como o segundo método essencial para podermos pensar e fazer hipóteses sobre a vida inconsciente. Esta se manifesta em todas as relações humanas, inclusive na clínica médica. Tudo se passa em dois registros. Verbalmente, o paciente nos traz suas queixas, sua biografia, ou então se põe a associar livremente. No campo não verbal estão os detalhes sutis do modo como ele nos dirige essas palavras

98 O MODELO PSICOLÓGICO DINÂMICO

e também de como nos trata enquanto uma figura responsável por lhe dedicar cuidados. No exame dessas sutilezas repousa um dos grandes pilares da psicodinâmica. Muitas vezes o que constitui banalidades para outras clínicas são informações preciosas à metapsicologia.

Neste ponto, mais material clínico pode ser de grande ajuda. Chamo a atenção do leitor para aquele momento no qual se aproximam as férias do psiquiatra, ou então a troca de estágio dos médicos residentes. Nesses momentos, precisamos fazer algum esforço para não observar que uma boa parte dos pacientes demonstra exacerbação de sintomas de forma evidente, mesmo sem nenhuma alteração nas doses de suas medicações ou eventos externos que possam ser responsabilizados por essa piora. Seria muita coincidência que tantas pessoas tenham um agravamento endógeno sincrônico, o que nos possibilita pensar que sentimentos inconscientes de solidão, desamparo e abandono podem estar envolvidos em seus protestos.

Outra situação se dá com o modo pelo qual a relação entre o médico e seu paciente pode influenciar o efeito das medicações. Vou dar os seguintes exemplos considerando que o tipo e a quantidade das medicações estão bem indicados. Se um paciente se sente cuidado, acolhido e reassegurado pelo modo como é atendido por seu psiquiatra, a medicação será elogiada, enaltecida e será sentida como aquilo que faltava para o seu bem-estar. O paciente fará elogios ao fármaco, mas eles estão endereçados a um outro remetente: o amparo provido pela pessoa do médico. Por outro lado, se o paciente sentir que seu cuidador não está lhe escutando, ou se trouxer dentro de si sentimentos de desconfiança e hostilidade, a medicação será duramente criticada, fará que o paciente sinta todo o tipo de efeito colateral e mesmo que pare de tomar o que lhe foi recomendado. As ofensas dirigidas às medicações também estão deslocadas. Outra situação comum ocorre diante de sentimentos de rivalidade, em que o paciente se põe a estudar profundamente a psicofarmacologia para poder confrontar e questionar seu médico sobre toda e qualquer decisão sobre a droga e a dose que lhe são prescritos. Com isto não quero invalidar o efeito biológico dos psicofármacos, mas apenas incluir que a relação entre o médico e seu paciente vai influenciar de modo decisivo esse aspecto da clínica psiquiátrica.

Ao acompanharmos tais situações com bastante atenção, chegaremos ao ponto de vista de que o paciente parece encenar (atuar) seus pensamentos inconscientes na relação com seu médico em vez de poder pensá-los.

O sujeito pulsional

Para além da clínica. O que nos mostra a sistemática investigação metapsicológica, a investigação dessa porção estrangeira de nossa alma chamada inconsciente? Ela nos revela que somos seres pulsionais, ou seja, que temos dentro de nós uma pressão que nasce a partir do organismo e que impõe um trabalho psíquico para ser representada. A teoria das pulsões é complexa e passa por algumas transformações ao longo da obra psicanalítica. No entanto, reservo um lugar especial para o que chamamos de *pulsão sexual*. O termo "sexual" aqui passa por uma expansão em seu campo de sentidos, e vai exprimir a busca de prazer. Trata-se de tudo aquilo que nos anima, que nos faz investir em algo, aquilo que a linguagem popular capta de modo preciso: "o que lhe dá tesão?". Isso inclui os comportamentos sexuais genitais e somáticos, mas amplia e abriga diversos outros aspectos da busca humana por prazer e satisfação.

100 O MODELO PSICOLÓGICO DINÂMICO

De modo crucial, a psicanálise vai iluminar a importância dessas forças nos primeiros anos de vida. Para que um bebê possa se transformar em um ser humano, ele deve investir e ser investido pulsionalmente de forma contínua para poder fazer o salto da biologia para a cultura. Nascemos *Homo sapiens* e temos o potencial de nos tornar um sujeito social. No entanto, esse potencial não está garantido, estamos a depender de outras pessoas que nos humanizem constantemente. Em documentários diversos são retratados os primeiros instantes da vida de outros animais. Com poucas horas de vida fora do útero de suas mães, estes já se levantam e conseguem acompanhar seu bando em busca de alimento e segurança. O que faz uma criança recém-nascida com algumas horas de vida? Existem casos reais em que crianças com algum tipo de deformidade ou doença foram abandonadas na floresta junto a outros animais por conta de crendices e superstições das sociedades em que nasceram. Após serem reencontradas por alguém, a observação repetida de vários casos revelava que elas não haviam se tornado um ser humano em todo o seu sentido, não haviam feito a travessia da biologia até a cultura, mas sim permaneciam mais próximas aos demais seres da natureza. Um tal quadro baseado em fatos reais é apresentado no filme *O garoto selvagem* (1970), de François Truffaut. O filme se passa na França ao final do século XVIII, quando um psiquiatra e sua assistente se tornam responsáveis pela educação de um menino que fora encontrado em tais condições. O filme nos induz a uma reflexão profunda sobre a jornada que devemos fazer desde a vida intrauterina até a vida adulta em uma sociedade organizada.

Dessa forma, se estamos reunidos em um estudo sobre a clínica psiquiátrica, se vocês podem ler, pensar e refletir sobre este texto, em outras palavras, se somos sujeitos singulares inseridos em uma cultura, tudo isto significa que temos uma dívida bastante grande com todos aqueles que nos prestaram cuidados físicos e psíquicos.

Além disso, um dos conflitos pulsionais estudados pela psicanálise é aquele que se dá entre a busca pelo prazer e a conservação da integridade do indivíduo e da espécie. Existem diversos âmbitos da experiência vivida que têm o potencial de nos revelar o atrito entre essas duas metas. Em primeiro lugar, como espécie, nossas necessidades biológicas básicas são a nutrição, o descanso mediante o sono e a reprodução. Ao mesmo tempo e de forma problemática, singularmente temos também outras necessidades que não estão relacionadas com nossa autoconservação pessoal ou da espécie, mas com outras satisfações. Buscamos a todo tempo o prazer por meio de relações com nós mesmos, com os outros e com o mundo. Isso fica mais claro na medida em que comemos não apenas para nos nutrir, mas também para satisfazer certo capricho de nosso paladar. O ato de comer está profundamente penetrado não só pelas nossas necessidades nutricionais, mas também pelas sensações de prazer e desprazer. Se por um lado inventamos e cultivamos a gastronomia – que em muitos sentidos pode até prejudicar a nutrição –, por outro, alguns de nossos indivíduos têm a vida ameaçada pelo que se chama de transtorno alimentar. Sobre a necessidade de descanso, o que se passa não é um mero liga-desliga de nosso aparelho psíquico, o que seria de se esperar se vivêssemos apenas voltados às necessidades de preservação. Algo acontece durante nosso sono que nos faz vivenciar nítidas alucinações auditivas e verbais, uma espécie de loucura chamada sonho. Sonhos são a janela mais bem posicionada para a observação de nossa alma, em especial de sua porção inconsciente, e são produções feitas por nós mesmos por aquele algo que continua nos pressionando por dentro, mesmo quando nosso organismo pede por repouso. Sobre nossa continuidade na natureza, muitas vezes temos a impressão de que a obtenção de prazer e a preservação de nossa espécie são elementos da vida que se ligam apenas de modo tímido. Como população, a minoria de nossos

102 O MODELO PSICOLÓGICO DINÂMICO

comportamentos sexuais se dirige para a procriação, e nossa vida sexual é marcada principalmente pelo erotismo. A natalidade é um fator tão descolado de nossa busca por prazer que muitas vezes os Estados fabricam políticas públicas para estimular a fertilidade em épocas de queda no número de indivíduos em determinados países. Que espécie animal é esta que precisa ser estimulada a ter relações sexuais genitais para se reproduzir?

O infinito indomável

Atualmente, a pluralidade dos modelos epistemológicos que convivem na clínica psiquiátrica continua a nos desafiar. Em uma vinheta tragicômica, uma paciente deitada ao divã se queixa de uma repentina angústia em seu peito que, pouco a pouco, vai lhe tomando o braço esquerdo. Seu analista interrompe a sessão e a leva ao pronto-socorro – estava passando por um infarto agudo do miocárdio. Em outra, não menos marcante, um paciente angustiado está a falar sobre sua vida com sua médica. Ele não apresenta alterações psicopatológicas, e a cada vez que ela ensaia encerrar a consulta o paciente se põe a falar mais e mais. A médica compreende essa leve comunicação e escolhe passar um pouco mais de tempo na presença daquela pessoa. O que essas vinhetas têm em comum? Nelas, aqueles que ocupam a posição de cuidadores tiveram certa sensibilidade metodológica. Na primeira, não importa o que um dissesse ao outro, isso não faria com que o sangue percorresse com maior eficiência as artérias coronárias. No segundo caso, a médica intuiu que a necessidade não estava no campo biológico, mas sim que a demanda do paciente era pelo fluxo de intimidade e escuta.

A clínica é uma amante livre, não se deixa ser dominada. Ela nos permite apenas um leve toque em suas verdades, e nos faz abandonar o desejo de aprisionar o conhecimento em um tubo de ensaio. Nosso desafio é a eterna incompletude, muito do que é verdade hoje não o será mais amanhã. Não é possível a integração suave e completa entre todos os modelos: a criação de uma nova ferramenta com o poder de explicar e tratar por completo os aspectos da alma humana. Isso nos pede por "empatia epistemológica" uns com os outros. A arte da clínica psiquiátrica se sustenta na humildade em reconhecer que a coexistência de tantos modelos indica a insuficiência de cada um deles e de todos juntos frente ao infinito indomável da existência humana.

Referências

Freud, S. (2010). Recomendações ao médico que pratica a psicanálise. In S. Freud, *Obras completas* (P. C. L. Souza, Trad., Vol. 10, pp. 147-162). São Paulo: Companhia das Letras. (Trabalho original publicado em 1912).

Gay, P. (1989). *Freud: uma vida para o nosso tempo*. São Paulo: Companhia das Letras.

Jaspers, K. (1968). *General psychopatology*. Baltimore: The Jonhns Hopkins University Press. (Trabalho original publicado em 1913).

Truffaut, F. (Diretor), & Bebert, M. (Produtor). (1970). *Ĺenfant sauvage* (Brasil: O garoto selvagem) [VHS]. França: Les Productions Artistes Associés/Les Films du Caros.

Segunda-feira de manhã[1]

Segunda de manhã. Estou sentado à sala de número dois do Serviço de Psicoterapia que se localiza no quarto andar do Instituto de Psiquiatria do Hospital das Clínicas de São Paulo. Trata-se de uma sala cujos limites se assemelham a um quarto de círculo. Janelas preenchem a parte arredondada com vista a uma árvore frondosa e muito verde lá fora. Encontro-me de costas para uma das paredes retas, e atrás de mim pende um quadro negro pouquíssimo usado. À frente estão dispostas pouco mais de dez cadeiras que acompanham as janelas e aguardam a chegada dos alunos. Estou em terreno desconhecido: minha alma e a dos internos do quinto ano do curso de medicina. Levo comigo os recursos que permitem essa itinerância psicanalítica: meu analista, meus supervisores, teorias metapsicológicas e todos os que já colaboraram com minha formação. Tenho a pretensão de injetar a peste e observar as reações imunológicas desencadeadas.

---

1 Uma versão deste capítulo foi publicada anteriormente em: *Jornal de Psicanálise*, 48(89), 103-155, 2015.

Os alunos estão atrasados. Enquanto espero, penso novamente (já são inúmeras vezes) sobre o que estou fazendo. A técnica que ponho em prática vem sendo fabricada a partir do contato com os alunos ao longo dos últimos anos. Eles me contam sobre suas vivências no caminho à construção de uma identidade como médicos. Conversamos sobre suas expectativas, suas frustrações, sonhos e medos. De especial importância, falam sobre as decepções relacionadas aos cursos que se ocupam em discutir o aspecto humano desse ofício.

São trechos de seus relatos:

"Eu não acho que a faculdade consegue aprofundar esse tema da humanização. A gente chega lá e tem um professor que dá uma aula de uma hora e meia no Powerpoint com a sala toda escura. A gente tem que decorar o que é 'empatia', 'relação médico-paciente', 'ética', pra depois escrever tudo na prova. Me sinto mais um papagaio do que um ser humano."

"Eu ficava muito irritada com aquelas aulas. Os professores nos instruíam a dizer 'com licença', 'obrigado', 'por favor' durante o contato com os pacientes. Humanizar a relação médico-paciente não significa ser bonzinho com os pacientes ou buscar tratá-los bem. Isso é de muito antes, é educação básica que a gente deveria aprender em casa."

"Um dia nossa turma teve uma aula de como dar uma notícia ruim a um paciente. Eles ensinaram pra gente que tem um protocolo já pronto, tem até um mnemônico que me esqueci. Enfim, é para você lembrar de manter contato visual, encostar no paciente, ter certeza de que ele ouviu e entendeu a notícia, essas coisas..."

Essas palavras me fazem lembrar de Freud em "Deve-se ensinar a psicanálise nas universidades?" (1919/2010):

Nas últimas décadas, essa formação [médica] tem sido justamente criticada pelo modo unilateral como orienta o estudante nos campos de anatomia, da física e da química, enquanto não deixa claro, para ele, o significado dos fatores psíquicos nas diversas funções vitais, assim como nas enfermidades e em seu tratamento. Essa lacuna na educação médica se faz sentir, mais tarde, como flagrante deficiência do profissional médico. A consequência disso é, por um lado, o desinteresse pelos problemas mais interessantes da vida humana, seja sadia ou enferma, e, por outro, a inabilidade de tratar o paciente, de modo que até mesmo charlatães e curandeiros terão mais influência sobre este. (pp. 378-379)

O texto me chacoalha pela atualidade das palavras e me ajuda a pensar em um fenômeno que se deixa entrever nas falas dos alunos. A proposta de humanização no curso de medicina vem aumentando o tempo e o espaço dedicado a disciplinas voltadas para os aspectos não orgânicos da prática clínica. No entanto, tais disciplinas têm sido aplicadas como se fossem anatomia, física ou química. O Powerpoint, a sala escura, as provas objetivas, as aulas que mais lembram etiqueta e boas maneiras e a criação de protocolos que formatam o contato humano. Penso que esses elementos informam sobre a *impessoalidade*. Informam sobre uma distância que está sendo criada entre as pessoas, entre professores e alunos e, por reflexo, entre médicos e pacientes. A consequência está explicitada de modo claro no texto de Freud: interesse pelo organismo, desinteresse pela vida humana.

Quero transmitir a impossibilidade de falar de medicina, de psiquiatria, de psicoterapia e de psicanálise a não ser por meio de uma vivência íntima e pessoal. A alma humana não pode ser

108 SEGUNDA-FEIRA DE MANHÃ

colocada dentro de um tubo de ensaio para estudos e testes físico-químicos. A alma humana revela sua singularidade na criação de vínculos, na *pessoalidade*. Tenho a intenção de criar proximidade com eles para que eles possam criar intimidade com outros. Esse é um caminho de transmissão que inflama ansiedades e defesas. Estou prestes a mexer nessas feridas.

Minha divagação se interrompe com uma aluna que entra pela porta. Diz "oi", e eu respondo. Senta-se ao longo das janelas e me avisa que os outros estão atrasados porque a aula marcada antes do nosso encontro se alongou. Qual aula? "Contenção química e mecânica do paciente em agitação psicomotora", ou então "Transtornos do humor", "Transtornos ansiosos", "Transtornos alimentares", "Transtornos do impulso", "O amor patológico", "Psicofarmacologia", "Como entrevistar o paciente psiquiátrico", "Marcadores neurobiológicos na esquizofrenia", todo o DSM etc. Tenho a sensação de estar nadando contra a corrente. Pergunto a ela se saiu antes da aula, ao que ela responde que acordou tarde e preferiu vir direto. Eu a observo novamente. Já havia percebido algo no primeiro contato, mas agora isso se torna um pouco mais nítido: seu rosto aparenta carregar muito medo. Deixamos a conversa flanar, e logo surge o tema do fim da faculdade. O estágio em psiquiatria estava ocupando o mês final do quinto ano da graduação e, em seguida, sua turma já começaria o sexto e último.

"Daqui a um ano vou ter um carimbo. Já pensou, eu atendendo as pessoas sozinha? Tomara que eu não vá matar ninguém."

Essa fala é seguida por um sorriso que quase se transforma em um choro. Depois de alguns minutos chegam os demais internos, e o medo em seu rosto arrefece.

Eles chegam animados, falantes e, pouco a pouco, ocupam o semicírculo. Pararam de falar, agora me olham com atenção. Digo "oi", eles repetem. Pergunto se leram o texto que combinamos para conversar. Em geral, algum texto de Freud. Alguns dizem que leram, outros dizem que não leram e outros não dizem nada. Sugiro ler algum trecho juntos, e eles concordam. Ninguém pega um livro. Suas mochilas fazem o parto de iPhones, iPads, *tablets* diversos, e às vezes eles brincam pelo fato de apenas eu estar com o livro de papel. Antes que eu possa sugerir algum parágrafo para a leitura, ouço uma pergunta:

"Pedro, queria perguntar uma coisa. Queria saber por que você nos dá textos do Freud para ler. Eu não quero ser 'crica', mas, por exemplo, hoje em dia uma meta-análise do tratamento de infarto agudo do miocárdio fica ultrapassada depois de um ano. Esses textos têm mais de cem!"

Valorizo a pergunta, ela revela (apesar da agressividade) uma curiosidade que se mostra rara e frágil. Uma planta que ensaia crescer no meio do concreto. Pergunto de volta se alguém sabe o que significa quando uma obra é chamada de "clássico". Ninguém responde. Peço que eles associem de suas próprias experiências com a palavra clássico. Ninguém responde. Nesse ponto tenho a impressão de que a proposta não está sendo bem recebida, o grupo se mostra entre impaciente e irritado, não só comigo, mas também com a pessoa que me fez a pergunta. Tenho a sensação de que estavam esperando que eu abrisse um computador e lhes falasse objetivamente sobre algum tema. Em seguida percebo que eu mesmo fico tentado com essa ideia, isso certamente aliviaria a ansiedade que estamos todos sentindo ali naquela sala. Em geral estão quietos, alguns estão bufando e olham hipnotizados para as telas dos celulares. Insisto na proposta, e a tensão cresce em um ritmo rápido e seguro. De repente, um deles me mostra que pesquisou na internet e achou o significado da palavra "clássico". Fico um pouco surpreso: baseado em experiências anteriores, pensei que eles estavam conversando no WhatsApp. Vejo que estavam atentos ao que eu dizia enquanto pesquisavam na rede virtual o tema em questão.

O único porém é que o exercício não era encontrar os significados objetivos da palavra (a linguagem não é objetiva), mas os subjetivos, por meio da atividade associativa. Penso que a internet poderia estar sendo utilizada de modo a bloquear a capacidade imaginativa/criativa. Tento não desqualificar o internauta pesquisador, sublinho sua curiosidade, mas insisto no exercício associativo. Faz-se um novo silêncio, que é rompido por outro rapaz:

"Quando eu penso em clássico me vem a ideia de São Paulo e Corinthians."

O tom baixo e envergonhado dele é massacrado por risadas e repreensões faladas em tom de brincadeira por seus colegas. O grupo acha a colocação ridícula e sem valor, justamente por ser subjetiva, e passa a desqualificar o responsável por aquele "absurdo". Falo que ele foi o único que se permitiu usar a imaginação, justamente o que havia sido proposto. Minha fala causa um desconcerto nas pessoas, a não ser naquele rapaz, que agora ergue as sobrancelhas, aperta os olhos e ensaia uma minissoberba. Minha intervenção provocou uma reação similar a alguém que aponta para um louco e afirma que ele não é doente.

A partir desse ponto, há uma lenta mudança no clima emocional da sala. O ar fica menos denso, os semblantes menos irritados, os corpos perdem uma parte da contração muscular. Descubro que há outros que gostam de futebol, inclusive um deles sabe que o clássico entre São Paulo e Corinthians existe há mais de oitenta anos. Conseguimos deslizar as palavras e criar uma ponte em que o "clássico" é aquele que atravessa o tempo sem perder seu valor, sem perder a capacidade de revigorar o presente. Verdade no futebol, verdade em Freud. Uma moça até então quieta e sem vida reencarna em seu corpo e fala que leu a *Odisseia* no colégio – um clássico – e que é a primeira obra de literatura que tem o tema de uma viagem ao redor do mundo com o retorno para casa. Com sua fala, percebo que fiquei emocionado. Agora estamos navegando em uma viagem marítima...

De repente, e num rompante, o mesmo rapaz que não queria ser "crica" fala em um tom agressivo suavizado por ironia:

"Olha, até acho essa história de futebol e da *Odisseia* legal, mas pra que estamos falando disso? Isso não é uma aula de psicoterapia? Cadê a psicoterapia?"

Fui arrebatado pela pergunta, viajávamos pelos mares da *Odisseia* e o navio afundou. Agora nadamos para evitar o afogamento na concretude e na eficiência. Todos olham com atenção para como eu trataria aquela pergunta e seu criador. Fico algum momento sem saber o que falar, o que parece provocar um aumento da desconfiança sobre mim. Uma recordação me ocorre, e tomo a decisão de compartilhá-la com eles. Antes de começar, aviso que vou precisar dar uma volta para responder à pergunta. A recordação é um fragmento clínico, eu o intitulei para mim mesmo de "A menina burra". Aqui está:

Há alguns anos, enquanto eu era médico-residente em psiquiatria naquele instituto, estava passando pelo estágio da psiquiatria infantil. Naquele dia eu fui encarregado de fazer o primeiro atendimento de uma menina de 8 anos a quem os pais haviam levado para uma avaliação psiquiátrica. Em um primeiro contato com seus pais, descobri que ambos eram médicos e que traziam sua filha devido a dificuldades no seu rendimento escolar. Eles já haviam pesquisado sobre o tema no Google e pensavam na hipótese diagnóstica de transtorno do déficit de atenção e hiperatividade (TDAH). Em uma entrevista a sós com seu pai, este revelou estar investindo muito na possibilidade daquele diagnóstico, principalmente porque sua explicação alternativa aos acontecimentos seria um "retardo mental" por parte da menina. Aqui, devo acrescentar que durante todo esse primeiro contato, ela, M., se portou de uma maneira delicadamente cordial, simpática e bem-educada comigo. Olhos ávidos, atentos a mim e a como seus pais se relacionavam comigo.

Depois desse primeiro momento, levei-a até a brinquedoteca, conversamos um pouco sobre qualquer assunto, e em seguida pedi que nós brincássemos juntos de alguma coisa que ela escolhesse. Qual não foi minha surpresa quando toda sua cordialidade foi desligada e substituída por uma atitude inquisidora:

"Brincar? Eu não vim até aqui para brincar com você."

"Não?"

"Não. Eu vim aqui para a consulta médica."

"Essa consulta médica é de brincar."

Seu rosto se transforma em uma careta:

"Você é um médico muito estranho."

Nesse momento vejo que o grupo interrompe minha história porque está rindo e se divertindo. Acho que concordam com a opinião de M. sobre mim. Continuo a história e insisto no convite:

"Vamos lá brincar, vai? Eu brinco com você."

Contrariada, M. vai até a estante de brinquedos. Sua vontade de me agradar aparenta superar sua falta de disposição para a atividade. Ela pega duas bonecas e começa a mexer com elas. Algo me parece esquisito. M. está manipulando as duas bonecas como se fossem apenas coisas inanimadas, como se estivesse dando fim a um problema que eu criei. Enquanto faz isso, olha para mim o tempo todo como quem pergunta: "É assim que você quer que eu brinque com essas bonecas? Já está satisfeito? Posso parar?". O mesmo elemento artificial se repete na tentativa de outros jogos. Retomo nossa conversa enquanto ela se distrai com um pônei.

"M., por que seus pais trouxeram você até aqui?"

"Porque eu sou burra."

"Como assim, 'burra'?"

"Ué! Burra! Burra é burra, não sei explicar melhor. Você não sabe o que é burra?"

Ela fala essa parte com impaciência, e fica subentendido que, se eu não souber o que é "burra", eu provavelmente sou um burro também, e estamos os dois condenados à burrice.

"Pode ser que 'burra' para mim seja uma coisa e para você outra coisa."

"Entendi... Para mim, burra é quem não tira dez."

114 SEGUNDA-FEIRA DE MANHÃ

Percebo nesse ponto da história que os alunos não se divertem mais, tenho a impressão de que foram atingidos pela opressão interna que existe dentro da menina. Prossigo.

"E quanto você tira?"

Em tom baixo e tímido, confessando seus pecados:

"Eu tiro oito, oito e meio, só às vezes eu tiro nove. Nunca tiro dez. Sabe... no semestre passado eu tirei seis e meio de português. Minha mãe ficou bem brava..."

A história não havia terminado, mas tive a sensação de que já não precisava mais falar muita coisa. Minha narrativa sobre essa menina parece ter causado um golpe dentro de nós e entre nós. Isso pode ser constatado na atmosfera da sala. Ninguém mais ri, uma das alunas está emocionada, e sua colega lhe passa um lenço de papel e lhe faz um afago na mão. Há uma certa evitação do contato verbal. O grupo se comporta como se descobrisse ser portador de uma condição de saúde muito grave. Há tristeza, mas também um certo aprofundamento da experiência de estarmos ali conversando sobre essas coisas; acho que há um desenvolvimento dos sentimentos de intimidade e cumplicidade entre nós. Alguém corta o silêncio:

"Ela não tinha TDAH, ela só não sabia brincar."

Eu concordo plenamente. Acrescento apenas que o esforço em "tirar dez" pode ser bastante obstrutivo para a brincadeira e a imaginação. Falo ainda que todos esses elementos não estão localizados organicamente, não são visíveis em tomografias computadorizadas e não são audíveis com o estetoscópio. Só podem ser vistos nas sutilezas dos vínculos humanos. O grupo se torna pensativo e passa a demonstrar curiosidade sobre o que aconteceu com M: se ela ficou no ambulatório, se precisou tomar alguma medicação, se seus pais também receberam algum tipo de acompanhamento, quantos anos ela tem agora, se ainda a vejo. Respondo algumas perguntas.

Nesse momento, a secretária de nosso serviço entra na sala e me avisa que o paciente que estamos esperando para a entrevista acabou de chegar; ele nos deixou esperando por uns quinze minutos. Ficamos animados pela atividade clínica que se anuncia.

Reforço algumas orientações que se mostraram úteis nos encontros anteriores. Essa não será uma consulta médica e não usará a técnica de anamnese com a qual estão acostumados; peço que fiquem atentos às suas próprias reações frente ao contato com o paciente – informação pouco relevante à investigação do organismo, mas muito importante para o que estamos desenvolvendo. Pergunto se alguém quer falar antes de chamarmos o paciente. Vejo que a maioria deles está começando a vestir o jaleco branco que se encontrava guardado na mochila. Trata-se de um hábito adquirido ao longo do curso: o de que todo atendimento de pacientes deve se dar com esse uniforme. Um deles me pergunta se devem colocar o jaleco, o que provoca um efeito de congelamento na ação dos demais. Respondo que talvez não precisem dele. Ouço a seguinte resposta:

"Mas se eu tirar o jaleco, o paciente não vai conseguir acreditar que eu sou um aluno de Medicina."

Seu colega lhe responde:

"Desencana, bota o jaleco e vai. Os pacientes nem olham para a nossa cara mesmo."

Eu me pego comovido pelas duas frases. Sinto que elas estendem a cumplicidade que estamos criando e que me convidam a vislumbrar um pouco melhor a intimidade do grupo. Fico com a impressão de que tentam lidar com uma ansiedade despertada pela atividade clínica que se aproxima. Estão pensando sobre sua fragilidade e sua insuficiência na clínica e na construção de sua identidade como médicos. Eles parecem divididos em dois subgrupos que se diferenciam pela estratégia a ser adotada diante dessa ansiedade em erupção. Um subgrupo quer aplacar esse medo pelo uso dos jalecos brancos, como se fosse um amuleto para quem vai rumo ao desconhecido. O outro fabrica uma ideia benzodiazepínica para que essa angústia não os ocupe mais: a de que os pacientes não prestam atenção a eles. Observações anteriores informam que essa suposição está muito enganada. O grupo conversa por alguns instantes e chega a uma solução, a saber, que cada um faça como achar melhor para si. Olham para mim em busca de aprovação e eu lhes ofereço autonomia.

Antes de o paciente entrar em nossa sala, acho oportuno anotar aqui algumas considerações sobre o momento da formação médica no qual essa atividade está inserida. Como já introduzido pela conversa que tive com aquela moça, a primeira a chegar, no início da manhã, o quinto e o sexto ano da graduação são os últimos, e são chamados de internato. Esse nome é significativo e sugere a imersão que os graduandos terão no hospital e nas atividades clínicas das diversas especialidades ao longo desses dois anos. Trata-se de um momento fundamental para a internalização do *método anatomoclínico*, método pautado pela objetividade e que busca traçar uma relação de causa e efeito entre aspectos da clínica até o organismo de cada paciente. Esse processo de internalização se dá desde o começo do curso, mas poderíamos pensar que o internato é a sua apoteose. Essa construção, apesar de estar centrada nas capacidades intelectuais, demonstra um aspecto afetivo que penso ser fundamental. A internalização desse jaleco tem a capacidade de diminuir o sentimento de angústia e ansiedade da prática médica em geral. Isso acontece na medida em que o método anatomoclínico propõe uma *rotina* de comportamento e pensamento no contato com um paciente. "Identificação", "queixa e duração", "história pregressa da moléstia atual", "antecedentes pessoais", "antecedentes familiares", "interrogatório sobre os diversos aparelhos", "exame físico", "exames complementares", "hipótese diagnóstica sindrômica", "hipótese diagnóstica etiológica" etc. O fluxo organizado e ritmado dessas ações tem um efeito tranquilizador frente às doenças, frente às dores do médico e de seu paciente, e frente à morte – elemento que estrutura este ofício. Em uma expressão radical desse fenômeno, o que era apenas um ritual tranquilizador se transforma e confere ao médico poder sobre a vida e a morte. Com seu método ele não precisará mais sentir medo ou insegurança, tampouco seus pacientes. Eles serão salvos de toda dor e sofrimento. Aliás, nesse estado não estamos mais falando de um médico propriamente, mas sim de um feiticeiro que tudo pode tratar ou curar com seu pensamento ou, por vezes, apenas com sua presença. Aqui está o *furor curandis*. Lembro apenas de passagem que esses fenômenos não são prerrogativas da atividade médica, mas podem se travestir com o jargão psicanalítico, religioso, místico etc. Além disso, a fantasia pode ser compartilhada também pelos pacientes, e aqui está o germe do efeito hipnótico-sugestivo.

Assim, tento pensar na dificuldade da tarefa que estou lhes propondo. Ali comigo estão pessoas que têm o desejo de se tornar profissionais competentes e que buscam apreender um método objetivo do modo mais integrado possível. Ao chegarem na segunda-feira de manhã, o trem no qual eles estavam viajando é vítima de um descarrilamento, a viagem sofre uma mudança radical em seu itinerário. Estou aqui pedindo que eles abandonem esse objetivo por algumas horas para o desenvolvimento de outras habilidades. A insegurança despertada é clara. É possível observar as consequências do abandono do jaleco: o crescimento da insegurança (e vez ou outra o da curiosidade também) frente a uma nova situação.

Voltando à sala número dois, eles estão a me perguntar o que sei sobre aquele paciente. Digo que muito pouco: seu nome, sua idade e que fora encaminhado para nossa entrevista pelo psiquiatra que o atende em um dos ambulatórios daquele instituto. Em seguida, pergunto se algum deles quer conduzir a entrevista. Os que me olham o fazem com horror. Outros agarram o celular em busca de invisibilidade. Uma das alunas me olha e balança com força a cabeça. Diante das negativas, vou até a sala de espera para buscar o paciente.

F. é um homem de quase 50 anos, alto, obeso, de cabelos grisalhos com a pele branca e muito delicada. Usa óculos de armação espessa e atrás das lentes estão os olhos pequenos e distantes. Minha voz fala o seu nome e ele se assusta, estava dormindo acordado. Ele parece anestesiado. Com a minha indicação, se dirige de modo lento e descompassado até a sala. Ele entra, acorda mais um pouco ao ver sua plateia e emite um "bom dia" envergonhado. O grupo responde. Ele se senta, eu também, e tento fazer uma introdução:

"Olá, F., esta entrevista é uma triagem..."

Ele me interrompe, mostra-se um pouco menos sonolento e passa a falar como se estivesse lendo um texto pronto. Algo semelhante a um robô:

"Bom dia eu sou bipolar e vim aqui porque meu psiquiatra me disse para vir para ver se consigo melhorar eu não estou nada bem na minha família não tem outros casos só minha mãe que é depressiva e toma remédios também eu faço acompanhamento com clínico geral pela obesidade e tomo sinvastatina meu primeiro surto aconteceu quando eu tinha 27 anos eu entrei em mania psicótica tive um quadro clínico muito típico fiquei com o humor elado meu pensamento era arborizado e tinha sintomas psicóticos de grandeza fiquei internado por dois meses na clínica x e lá me diagnosticaram e me deram lítio eu melhorei até consegui voltar a viver normal mas daí quando eu tinha 40 anos eu parei de tomar as medicações e voltei a ter outro surto eu fui internado aqui no ipequê eu tenho uns sintomas muito fortes os alunos gostam de me ver porque aprendem bastante daí me deram muito remédio olanzapina depakote e abilify eu saí da crise e esse ano comecei a ficar muito triste muito triste voltei no médico e ele aumentou as doses não deu certo agora estão tentando efexor eu só tinha pensamentos ruins ficava pensando em besteira pensava em me machucar em me matar mas era só um pensamento de morte não se preocupe doutor não vou tirar minha vida não tenho coragem como vocês dizem é só uma ideação suicida pouco estruturada sem planejamento concreto acho que os remédios ajudaram mas agora só durmo não consigo fazer mais nada..."

Olho com o canto dos olhos para a turma. Vários deles estão com um caderno aberto à sua frente escrevendo de modo convulsivo para acompanhar a torrente de informações despejadas por F. Em sua maioria são os que estão de jaleco. Os outros parecem mesmerizados pelo mantra de sua fala. Sinto um desconforto enquanto escuto seu relato. O comportamento de F. parece ter sido recortado e colado a partir de algum atendimento psiquiátrico bastante sucinto e didático. Tive a sensação de que talvez ele mesmo fosse um colega da área psi. Não valorizei tal imagem como metapsicológica e perguntei:

"Você trabalha com o quê?"

"Sou engenheiro de produção, mas não consigo trabalhar faz muito tempo por causa dos meus sintomas..."

E retoma o excelente relato que vinha fazendo sobre si mesmo. Interrompo seu relatório e pergunto:

"F., você preparou isso que está falando antes de entrar aqui na sala?"

F. pareceu despertar e passou a falar de modo menos automático:

"Olha, preparar eu não preparei, mas acho que já contei essa história tantas vezes e para tantos psiquiatras que já está no meu repertório principal."

"Sei... Eu queria saber do resto do repertório."

"Do resto? Eu já nem sei se tem resto. Pra ser sincero, minha vida toda é isso de remédios e consultas. A gente vem aqui pra falar disso, eu nem sei o que te falar se não for essas coisas..."

F. se cala e se emociona. Uma lágrima mal começa a sair de baixo das lentes e ele a seca com rapidez. Os alunos já não escrevem nada. Voltaram a olhar para ele. A mesma moça dos lenços de papel passa um por meio dos seus colegas até chegar a F. Ele agradece e se emociona novamente. Nós fomos transportados para um momento considerável de silêncio e introspecção. F. volta a falar, agora como uma pessoa mais à vontade em seu corpo. Minha impressão principal é que se trata de uma outra pessoa que estava em coma e que agora acordou. Durante essa nova etapa da entrevista, um dos alunos levanta a mão, indicando sua vontade de falar, e eu lhe dou a palavra.

"O senhor poderia falar mais sobre aquilo de suicídio? Você já tentou se matar? Alguém da sua família já se matou? Você não tem nenhum plano mesmo de se machucar? Poderia responder?"

De modo surpreendente, F. vai respondendo e desliza de volta para o modo robótico de falar, como se estivesse lendo um capítulo do livro *Autoagressões no transtorno afetivo bipolar*. O autor da pergunta perde o contato visual e volta a escrever de modo rápido. Outros o seguem. Acho a transição impressionante, voltamos ao *script* inicial. A partir desse ponto a entrevista prossegue com os alunos metralhando o paciente com perguntas pragmáticas. Ele responde a elas com precisão e satisfação a respeito do grau de detalhe que consegue nos fornecer. Depois de uma hora de conversa, agradeço sua presença e encerramos a triagem. Ele agradece efusivamente e pergunta quando poderá voltar para conversar de novo conosco – diz que gostou da experiência –, e depois nos despedimos.

Fecho a porta, retorno para minha cadeira enquanto penso sobre nosso grupo. Estamos nitidamente cansados. Digo isso e eles respondem que não estão acostumados a ficar tanto tempo assim conversando com alguém. Alguns iniciam um alongamento adaptado àquela posição. De todas as mochilas começam a sair alimentos matutinos: iogurtes, frutas, barrinhas de cereais, chocolates, sucos etc. Comem com o orgulho de quem conseguiu atravessar uma tarefa muito penosa, como se tivessem corrido uma maratona. Em um clima de refeição comunitária, voltamos a conversar. Uma aluna toma a palavra e me pergunta:

"Você acha que ele é bipolar mesmo?"

"Não sei, acho que não estava prestando atenção nisso."

"Como não? No que você estava prestando atenção?"

"No resto."

"Qual resto?"

"Ele já tem um psiquiatra para ficar prestando atenção aos diagnósticos, às medicações e a essas coisas da psiquiatria. Eu fiquei prestando atenção em como ele tratava com a gente e em como a gente tratava com ele."

"E o que você viu?"

"Vi que vocês se animaram em fazer muitas perguntas a ele."

"Fizemos errado?"

"Não sei se isso aqui tem certo e errado."

Eles me olham com desconfiança, como se essa proposta de pensar fora do registro certo/errado fosse um artifício de minha parte para tentar enganá-los. O pensamento deles talvez pudesse ser traduzido por: "nem vem com essa de não ter certo e errado. A gente sabe que no fundo tem sim. Pare de nos enganar". Falo que a ideia agora é pensarmos em como se deu nosso encontro e não se fizemos certo ou errado. A proposta é difícil de digerir. Eu digo:

"Eu estava pensando que a maioria das perguntas foi sobre o histórico médico, e não sobre outras partes da vida dele. Por que vocês acham que fizeram essas perguntas?"

O rapaz que havia se inquietado com a questão do suicídio:

"Ué, para não comer bola."

"Comer qual bola?"

"Não deixar de perguntar aquilo que a gente precisa perguntar. Senão vai ser um daqueles crimes que a gente aprende em medicina legal: imperícia, imprudência, negligência. Na semana passada a gente viu isso em uma aula: se o paciente fala sobre ideias de suicídio, nós precisamos esmiuçar esse sintoma. Não é assim?"

"Sim, na psiquiatria é assim mesmo. Mas ele já tem um psiquiatra, e esse nosso encontro é sobre psicoterapia. A ideia é exercitar um jeito diferente de pensar."

"Mas é que daí nós não sabemos o que fazer, nem o que perguntar."

Ele fala com sinceridade. Fico pensando em como promover uma ruptura de campo. Recebo a ajuda preciosa de uma moça:

"Fiquei pensando naquilo que você disse sobre ele ter preparado o que estava falando. Para mim, ele sentou aí e nem te ouviu, já entrou num modo de piloto automático."

Os demais concordam com sua formulação. Valorizo essa apreensão por ser um deslize do método médico e, principalmente, por revelar uma escuta diferente de sua parte. Estimulo:

"Por que vocês acham que ele estava em 'piloto automático'?"

Agora eles parecem mais intrigados com essas ideias. Um rapaz:

"Pode ser que ele nem te ouviu direito. Sentou e já engatou o que estava acostumado a falar quando vai para uma entrevista aqui no hospital."

Seu colega:

"Acho que ele falou o que ele achava que a gente ia querer que ele falasse. Ele falou tudo certinho, foi por isso que você disse aquilo de estar preparado, não foi?"

"Eu acho que sim."

Ele continua em um tom prazeroso de triunfo:

"Pra poder pegar ele!"

"Não é bem 'pegar ele'... Não é exatamente uma atividade policial, não vamos prender ninguém..."

Eles riem. Todos parecem envolvidos com a atividade, quando um deles me avisa que estão atrasados para a aula de medicina legal, ou de bioética, ou alguma outra aula sobre psiquiatria. O grupo rapidamente se apruma para sair, barulhos de zíper fechando com força por todos os lados. Combinamos de continuar com o mesmo texto para a próxima semana. Antes de saírem eles me entregam uma folha em que há um espaço para o meu visto, comprovando que participaram daquela atividade. Depois eles saem pela porta, tchau, tchau, tchau, até a semana, tchau...

Ao final, duas pessoas vêm em minha direção. O primeiro é um rapaz que revela em voz baixa seu interesse pela área, pede indicação de outros textos que poderia ler além desses que estamos lendo juntos. Reviro minha mochila e lá dentro encontro *A interpretação dos sonhos*. Por acaso estava comigo naquele momento, e eu lhe entrego. Aviso que é longo, mas que vale a pena. Sugiro que tenha paciência com a introdução. Ele fica um pouco espantado com o tamanho do livro, mas agradece e sai animado. A segunda pessoa é a moça que havia chegado antes de todos, ela me fala que gostaria de conversar, pede a indicação de um analista. A peste! Termino a manhã também cansado, mas satisfeito. Segunda que vem tem mais.

Referência

Freud, S. (2010). Deve-se ensinar a psicanálise nas universidades? In S. Freud, *Obras completas* (P. C. L. Souza, Trad., Vol. 14, pp. 377-381). São Paulo: Companhia das Letras. (Trabalho original publicado em 1919).

Terça-feira de manhã[1]

Oferta de demanda, demanda de oferta

É provável que um psicanalista já tenha se encontrado na posição de atender algum paciente que não queria estar ali. São pessoas que se veem obrigadas a passar ao menos uma hora de suas vidas conosco. As crianças, os adolescentes e os adultos chegam submetidos à dependência física e/ou emocional de suas figuras parentais. Há diversas apresentações clínicas, que variam de acordo com o maior ou menor grau de introjeção destas por aqueles. No melhor dos casos, o paciente consegue criar oposição e dizer textualmente: "Só estou aqui porque minha mãe mandou", ou qualquer outra versão desse tipo de ideia. Nas situações mais difíceis, o próprio paciente ainda não sabe que está submetido à autoridade de certa figura.

---

1 Uma versão deste capítulo foi publicada anteriormente em: *Revista Brasileira de Psicanálise*, 54(2), 209-222, 2020. Agradeço aos colegas psicoterapeutas e psicanalistas do Instituto de Psiquiatria do Hospital das Clínicas pela interlocução, e a todos os médicos residentes pelo que me ensinam durante o convívio.

As dificuldades metapsicológicas não tardam, uma vez que o jogo de identificações seguramente nos influencia. Podemos nos observar agindo de forma autoritária, reforçando a prescrição anunciada, ou então construindo junto ao paciente uma aliança rebelde contra tais personagens detentores do poder. A fluidez do processo primário pode ser ainda mais caleidoscópica. Há situações em que percebemos que o mesmo paciente que chega por submissão pode se identificar com sua figura de autoridade, passando a nos empurrar o papel de passividade, docilidade e obediência. Seja como for, um psicanalista trabalha de forma a entrar e sair desses papéis, privilegiando o âmbito psíquico sobre o âmbito motor (*agieren*) (Freud, 1914/2010b).

Ao mesmo tempo que tudo isso acontece, há ainda uma tarefa que merece grande parte de nossa atenção. Enquanto o campo transferencial-contratransferencial vai se costurando, um analista buscará criar condições para que uma demanda especificamente psicanalítica possa se revelar em meio ao prosaico daquela conversa arranjada. Isto porque é curioso o fato, atestado muitas vezes pela experiência clínica, de que a recusa verbal por aquele encontro não coincide com a ausência da necessidade de – e mesmo do desejo por – tal trabalho.

Sobre esta situação, me ocorre a lembrança de sessões com um adolescente que me impuseram tais condições. Seus pais estavam preocupados com seu isolamento familiar e social, e também com seu desinteresse escolar. Ele, por sua vez, não parecia estar preocupado com nada, literalmente. Desde sua chegada anunciara que não estava ali por vontade própria, e tolerava minha presença por conta de uma intrincada rede de negociações com seus pais, a qual lhe oferecia algum acréscimo de liberdade física e material. As primeiras sessões se passaram praticamente em silêncio, e minhas investidas eram recusadas com desprezo. Fiquei surpreso quando, depois de algumas semanas, consultei seus pais sobre a situação. Fiz contato para sugerir a interrupção dos encontros e, antes que eu pudesse ter a palavra, eles me agradeceram: achavam que seu filho estava diferente. Ainda bem que não tive tempo de expor meus argumentos – recuei e voltei ao trabalho. Então, a dinâmica das sessões foi se transformando vagarosamente. Ele começou a atacar os elementos concretos de meu consultório: sujava as paredes com seus tênis desajeitados, arrancava os botões da poltrona, rasgava as folhas da minha querida planta. Dessa forma, minha ação durante suas horas foi se resumindo a pedir que ele não fizesse o que fazia. "Por favor, não suje a parede"; "Por favor, não arranque outro botão"; "Por favor, deixe meu bambu em paz" – tudo isso naquele tom sereno, de formação reativa, escondendo minha raiva. E fomos assim, até que um dia a ferida narcísica doeu demais, e eu disse: "Olha, não sei o que você vem fazer aqui. Você não quer falar sobre nada, me trata com esse ar de desprezo e superioridade, e além disso fica estragando meu consultório. Tem certeza de que você quer levar isso adiante?".

Então, algo que eu nunca poderia imaginar aconteceu. Como se estivesse dentro de uma fantasia, ele abriu o zíper e alguém veio lá de dentro para falar comigo. Em um tom completamente diferente, ele disse:

"Cara, você conhece o Trump?"

"Sim."

"Então, ele é um escroto, uma criança mimada."

"Sim."

"E daí tem o Congresso americano, que não pode deixar ele fazer o que quiser. Meu pai disse que os Estados Unidos têm uma democracia sólida, e que eles conseguem suportar um mau presidente. Eu sei que eu sou difícil, mas acho que me faz bem quando você fica me podando."

[Silêncio estupefato.]

Em seguida ele veste novamente a fantasia, fecha o zíper, e a dinâmica continua. Com o tempo, as agressões vão ficando menos concretas, se transformam em dormir durante a sessão, jogar jogos em seu celular e sair antes do horário combinado. Nos finais de cada sessão ele queria saber se poderia sair antes do minuto final ou se estava em cárcere privado, e começou a fazer seus testes. Aos poucos o paciente percebeu que o acordo do horário servia a nós dois, ou seja, representava um princípio a ser respeitado por ambos. Quando ele se deu conta de que o tempo não era um instrumento de domínio de um sobre o outro, conviver com *Mr. Trump* se tornou um pouco mais suportável.

Assim, não devemos identificar a superfície de recusa ou de desprezo com a ausência de demanda pelo trabalho psicanalítico. Da mesma forma, mas pelo avesso, não deveríamos acreditar que tal demanda existe pelo simples fato de que pacientes podem afirmá-la verbalmente. A presença ou a ausência da inclinação por análise precisa ser constatada ao longo do convívio analítico, sempre em um segundo momento esclarecedor. Aqui temos o conceito freudiano de *Nachträglichkeit* (Laplanche & Pontalis, 1968/2012). Quando eu me esqueci dessa ideia, confuso devido ao sentimento de raiva emergido dentro do campo transferencial--contratransferencial, os pais desse adolescente puderam refrescar minha memória.

Sobre a necessidade enunciada pelo paciente, há dois elementos que merecem nossa atenção. O primeiro é sobre a sua qualidade, e o segundo é sobre o seu momento de origem.

A qualidade. O paciente parece formular seu pedido como a necessidade de uma vivência afetiva específica junto a mim: se eu lhe podo, isso lhe traz algum benefício. Arrisquemos uma tradução possível para a nossa linguagem. Ele diz que é importante que o seu eu ideal seja castrado, que sua onipotência narcísica encontre limites para que ele possa se inscrever dentro de um Congresso, de uma democracia, de uma civilização balizada pelo ideal do eu. Do ponto de vista estético, esse momento aparenta estar mais próximo da atividade psicanalítica de *dar a luz* a alguma experiência mental do que o trabalho clássico de *trazer à luz* algum elemento psíquico recalcado. O que é psicanálise: viver ou saber? Não quero me estender sobre este ponto, porque ele nos levaria longe demais da linha de argumentação a ser priorizada. No entanto, acho oportuno formular a questão de se viver e saber são dois conjuntos de fenômenos distintos ou se podem ser dois ângulos de um mesmo fenômeno. Em outras palavras: mesmo na compulsão à repetição mais monótona, nas atuações mais extremas, nos limites do polo motor de nosso aparelho psíquico – poderia existir ali alguma ambição de saber, de investigar? É possível comparar a repetição do que é traumático a um cientista que falha em inúmeros experimentos na bancada de seu laboratório? Dentro desta discussão, que lugar ocupam nossos atos analíticos, intervenções de natureza paradoxal? Estamos criando novas marcas ou abrindo espaço para que certos elementos mentais ganhem representação simbólica? Ou os dois? Bem, são perguntas para alguma outra ocasião. No momento, sugiro que consideremos a necessidade de ser podado como uma necessidade analítica – seja ela a de viver uma experiência significativa junto a mim, seja a de saber sobre si, seja um pouco de cada uma das duas.

O momento de origem. Desde início dos sintomas no cotidiano desse paciente até o ponto no qual ele me diz textualmente que lhe faz bem ser podado, onde no tempo estaria a gênese desta

130 TERÇA-FEIRA DE MANHÃ

necessidade? Alguns podem argumentar que ela está ali desde o início, surge com o sintoma e apenas se revela quando ele enuncia seu pedido. De outro lado, outros podem argumentar que ela se constitui apenas no instante em que o adolescente termina de dizer a frase da poda. Um terceiro grupo ainda poderia defender a ideia de que a necessidade analítica se forma em algum tempo entre esses dois momentos, e que ela é revelada a partir do diálogo sobre o presidente norte-americano. Olhando o material clínico com cuidado, penso que não há como decidir por nenhuma das três possibilidades com segurança. Rastrear o momento dessa gênese talvez não seja uma tarefa possível. Mesmo assim, acho que podemos fazer ao menos uma afirmação fundamental. *Não é possível excluir a possibilidade de que as sessões tenham realizado algum papel na constituição e na revelação dessa necessidade do paciente.* Desse modo, se esta afirmação estiver correta, isso nos leva a dizer que em psicanálise a oferta pode induzir a demanda, e isto tem uma implicação direta na técnica. Observando a clínica deste ponto de vista, há um bom argumento para, em alguns casos, obrigar crianças, adolescentes e adultos a ir até um psicanalista.

Tal conclusão provavelmente não provocará grande surpresa, pois, como dito anteriormente, este tipo de situação clínica não parece ser rara. Além disso, dinâmicas nas quais a oferta induz a demanda são bem conhecidas em nossa cultura. É fato que, em relação ao paladar, as crianças podem ser estimuladas a comer todos os tipos de alimentos, até que seus gostos pessoais se singularizarem. Para aqueles que recusam esta analogia por ser demasiadamente sensorial, há também o exemplo das escolas e universidades. Suponho ser uma característica universal do ensino acadêmico o fato de que crianças, adolescentes e adultos não detêm o controle total sobre o seu currículo. Deve-se experimentar de tudo um pouco para que, com o passar do tempo, cada um possa escolher seus interesses dentro da maior amplitude de opções possível. E para

PEDRO COLLI BADINO DE SOUZA LEITE 131

além do sensório e do intelectual, resta ainda o argumento afetivo, porque são conhecidos os casos nos quais o amor pode surgir dentro dos polêmicos casamentos arranjados.

Um abismo na legislação

Daremos agora três saltos de uma só vez: do consultório ao hospital, da clínica à formação, e da psicanálise à psiquiatria. Ainda perseguindo o tema da obrigatoriedade, a discussão será deslocada para o âmbito acadêmico, em torno da ideia de currículos a serem obrigatoriamente cumpridos. Passaremos a analisar os requisitos mínimos para a formação de médicos psiquiatras no Brasil, conforme regulamentada pelo Ministério da Educação (MEC). O interesse aqui é investigar a relação entre a psicanálise e esse programa ao qual todo psiquiatra em formação em nosso país deve se submeter.

O MEC promove tal regulamentação por meio da subdivisão de seus órgãos, de forma capilar: Secretaria de Ensino Superior, Diretoria de Desenvolvimento da Educação em Saúde, Coordenação Geral de Residências em Saúde, e Comissão Nacional dos Programas de Residência Médica (CNRM). Esta comissão foi criada em 1977 como um órgão deliberativo, com a finalidade de pensar, regulamentar e supervisionar os programas de residência médica no território nacional. De 1977 até hoje, a CNRM se manifestou três vezes sobre quais devem ser os requisitos mínimos para que um médico possa se formar especialista – nos anos de 1978, 1983 e 2006. Atualmente, o plenário da CNRM está rediscutindo todos os programas de residência médica, mas suas resoluções ainda não foram publicadas. Desse modo, a resolução em vigor ainda é a CNRM n. 2/2006, objeto de nosso interesse, que hoje estabelece os requisitos obrigatórios para todos os programas de residência médica no país. Esse documento é público e pode ser encontrado no portal do MEC (2006).

O texto oficial nos informa que a formação psiquiátrica deve ocorrer dentro de três anos, chamados de R1, R2 e R3, cada um propondo ao médico-residente a carga horária anual de 2.880 horas – isto é, 240 horas por mês, 12 horas por dia útil ou 8 horas por dia incluindo os finais de semana. Essas horas de formação são divididas em duas grandes categorias: *Programação Didática* e *Treinamento em Serviço*. A primeira delas busca transmitir conceitos, princípios e conteúdos que possam impactar diretamente no fazer psiquiátrico, por exemplo: ciências básicas, psicopatologia geral, avaliação diagnóstica, ética em psiquiatria, políticas públicas em saúde mental etc. No entanto, mesmo sendo um momento mais "teórico" da formação, o programa parece gravitar em torno da prática clínica, seja em forma de matéria-prima para inspiração, seja em forma de prescrições e proscrições que orientam os médicos durante seus atendimentos. Dessa forma, a categoria *Treinamento em Serviço* se destaca como o lugar central dessa formação, devendo obrigatoriamente ocupar entre 70% e 80% da carga horária total. Nesse eixo do currículo, os residentes atendem seus pacientes em diversos ambientes clínicos, apoiados por preceptores e professores que ocupam a função de supervisão de seus casos e de sua prática. São exemplos de ambientes clínicos nos quais um psiquiatra deve conhecer e receber seus pacientes: clínica médica, neurologia, estágio em enfermaria, estágio ambulatorial, emergência psiquiátrica, interconsulta hospitalar, psicoterapia etc.

Aqui, seria interessante seguir pelo caminho de comparar a supervisão médica e a supervisão psicanalítica, mas, de novo, isso nos desviaria por demais. Mesmo assim, vale dizer que, tradicionalmente, os dois tipos de supervisão são separados em polos opostos, pois partem de visões do homem e de premissas epistemológicas diferentes. Por outro lado, é difícil encontrar artigos ou discussões sobre os aspectos comuns às duas práticas. Porque é da experiência vivida que a supervisão médica pode ter efeitos analíticos, e a supervisão psicanalítica também comporta discussões sobre psicopatologia (uma outra psicopatologia, é certo) e o ensino da técnica. Se essas afirmações não são difíceis de serem verificadas, é de se perguntar sobre o porquê de tamanho esforço em ter esses dois tipos de supervisão radicalmente separados. Seria essa uma expressão do narcisismo das pequenas diferenças? Ou então, será que uma supervisão olha para a outra e experimenta algo do *Umheimliche* (Freud, 1919/2010a)? Bem, esta também é uma discussão para algum outro momento.

De volta ao documento do MEC de 2006, aquele em vigor. Ao final da leitura detalhada do seu item 51, que determina o currículo mínimo na formação psiquiátrica durante os três anos de residência, verifica-se que os termos "psicanálise" ou "psicodinâmica" não são citados.

Em busca de algum representante da terminologia psicanalítica, não encontramos "inconsciente", "pulsão" ("instinto" tampouco), "Édipo", "transferência" ou "contratransferência". A palavra mais próxima ao nosso campo de saber teórico-clínico é a palavra "psicossexual", que ocorre uma vez no texto. Cito a passagem: "O residente demonstrará conhecimento do crescimento e do desenvolvimento humano, incluindo os desenvolvimentos biológico, cognitivo e *psicossexual* normais, bem como os fatores socioculturais econômicos, étnicos, sexuais, religiosos/espirituais e familiares" (MEC, 2006).

O grifo é de minha parte, justamente para realçar o termo que nos faz lembrar da pulsão sexual, conceito alicerce do edifício psicanalítico, apresentado por Freud em seus "Três ensaios sobre a teoria da sexualidade" (1905/2010c). No entanto, o vocábulo está

134 TERÇA-FEIRA DE MANHÃ

posicionado ao lado das ideias de "desenvolvimentos biológico e cognitivo normais", o que favorece uma certa leitura desenvolvimentista, linear e piagetiana da *Sexualtrieb*. Qual o efeito de leitura que a construção dessa frase produz? Talvez seja este: por um lado, a cognição evolui em quatro estágios: sensório-motor, pré-operatório, operatório concreto e operatório formal, um sucedendo o outro, sendo que as progressões indicam desenvolvimento normal e as fixações ou regressões equivalem a patologias. Por sua vez, a pulsão sexual evoluiria tal qual na sua própria sequência: fase oral, fase anal, fase fálica e fase genital. Ou então, ela escalaria os degraus de desenvolvimento ao longo de sua relação com um objeto: autoerotismo, narcisismo, libido objetal. Qualquer que seja o caso, a leitura do parágrafo supracitado parece favorecer a tese de que os desenvolvimentos biológico, cognitivo e psicossexual compartilham as mesmas premissas.

Curiosamente, o próprio texto freudiano parece abrir certa margem para este tipo de interpretação, e não é difícil encontrarmos colegas que pensam neste conceito desta forma. Entretanto, nada poderia estar mais distante de constatações clínicas a partir do viés psicanalítico, em que encontramos uma certa viscosidade da pulsão sexual, fluindo e se fixando ao longo dos dois eixos citados, sempre organizada de alguma forma pelo complexo edípico. Dessa forma, mesmo que o termo "psicossexual" seja mencionado no regulamento em questão, o potencial deste conceito nuclear é bastante abafado, para dizer o mínimo.

Por outro lado, se a psicanálise fica silenciada ou abafada nas diretrizes de nosso governo, a palavra "psicoterapia" ocorre algumas vezes ao longo do texto. Ela aparece pela primeira vez no contexto do segundo ano de residência, quando figura como parte da programação didática e também do treinamento em serviço, devendo ocupar ao menos 10% da carga horária anual – 6 horas por semana. Já no terceiro e último ano, a psicoterapia sai da programação didática, mas continua com os mesmos requisitos de horas na prática clínica. O termo ainda é citado quando a resolução prevê que cada instituição de ensino deve dispor de biblioteca atualizada, incluindo livros e artigos sobre psicoterapia.

O termo "psicoterapia" é amplo, polissêmico, e, até aqui, o documento impõe apenas o enquadre dos estágios de psicoterapia, mas não qual o tipo de trabalho que deve se desenvolver dentro dessa estrutura. Por isso, mais à frente no texto oficial, há um capítulo sobre "Competências a serem alcançadas", no qual se especifica o que se espera dos estágios teóricos e clínicos em psicoterapia. Tais objetivos são descritos nos itens 5 e 12, e o exame destes revela a ideologia que orienta a formação psiquiátrica em relação à psicoterapia. Transcrevo-os:

> 5. *O residente demonstrará habilidade para conduzir uma série de terapias individuais, bem como terapias de grupo e família, usando para tanto modelos aceitos que sejam baseados em evidência, além de integrar essas psicoterapias ao tratamento de modelo múltiplo, incluindo intervenções biológicas e socioculturais. ...*
>
> 12. *O residente demonstrará conhecimento das terapias psicossociais. Esse conhecimento inclui o seguinte:*
>
> – *Todas as formas de psicoterapia (grupo, individual, familiar, comportamental e prática).*
>
> – *Tratamento das disfunções de transtornos específicos.*
>
> – *Relacionamento médico-paciente.*
>
> – *Outras modalidades psicoterapêuticas. (MEC, 2006)*

136   TERÇA-FEIRA DE MANHÃ

Como dito anteriormente, a grande divisão desse currículo mínimo é entre a *Programação Didática* e o *Treinamento em Serviço*. Os itens transcritos evidenciam tal divisão, já que o item 5 descreve as metas deste, e o item 12, daquela.

O item 5 diz que os residentes devem saber "conduzir uma série de terapias individuais, bem como terapias de grupo e família, usando para tanto modelos aceitos que sejam baseados em evidência". É curioso o fato de que uma primeira leitura dessa expressão, "baseada em evidência", parece excluir o campo da psicanálise. Nós, psicanalistas, lemos o parágrafo e tendemos a nos perceber fora do grupo que foi ali delimitado. Isso se dá pois há atualmente uma falácia muito comum no campo psi. O colega Rogério Lerner a explicita em seu artigo "Trabajo de investigación con psicoanálisis en escala grupal: basamento en evidencias y consecuencias políticas" (2018):

> *Entre as diversas dificuldades que o trabalho com psicanálise tem que enfrentar atualmente, há a ideia de que o trabalho clínico não está baseado em evidências, ao passo que o trabalho clínico de outras linhas, sim, está. Em que consiste essa ideia? . . . Mas alguém pode se perguntar: a afirmação de que o trabalho psicanalítico não é baseado em evidências se baseia ela mesma em evidências? (p. 45)*

Ao longo de seu texto, o autor argumenta que a origem dessa ideia está na medicina e no surgimento de um método de investigação científica chamado ensaio clínico. Trata-se de um método de alto poder estatístico para medir o efeito e a segurança de medicações em grandes grupos de pacientes. Além disso, esse método conta com a simpatia política e econômica da indústria farmacêutica, pois é por meio desses estudos que novas drogas são legitimadas cientificamente para serem então comercializadas. Assim, os ensaios clínicos geram novas informações que são celebradas pela comunidade médica com o selo de qualidade "baseado em evidências". Com o crescimento e a disseminação desse método de pesquisa, uma certa dinâmica fálica parece ter se infiltrado no mundo científico, pois, pouco a pouco, os demais métodos de investigação passaram a responder pelo estado castrado--não-baseado-em-evidência. Este é o lugar atual da psicanálise, que desde seu nascimento utiliza o método de estudo de casos para gerar conhecimento. A partir do referencial metapsicológico, buscamos levar cada análise que acompanhamos até o ponto mais distante possível, e esse aprofundamento de cada caso nos provê inúmeras evidências. Algumas delas nos ajudarão com outros casos, enquanto outras não poderão ser generalizadas. Usamos um método que, sim, produz evidências, e que delas se alimenta para refinar a prática clínica, a construção de conceitos e a formação de novos analistas.

No entanto, toda essa discussão não aparenta estar contida na expressão "modelos aceitos baseados em evidência" do item 5. Dessa forma, usarei a suposição de que os legisladores não levaram em conta a falicidade dos ensaios clínicos ao deliberar sobre quais práticas um residente deve saber conduzir. Com base nessa suposição, a psicanálise não encontra espaço nesse item.

Passemos ao item 12, aquele que lista os tipos de psicoterapia sobre os quais um residente deve demonstrar conhecimento. Aqui sim, a apreensão da vida inconsciente tem seu espaço garantido. Não de forma nominal – psicanálise –, mas ao menos por generalização. Um residente "demonstrará conhecimento" de "todas as formas de psicoterapia" e de "outras modalidades psicoterapêuticas". É deste modo que a diretriz faz uma clara distinção entre *demonstrar*

138 TERÇA-FEIRA DE MANHÃ

conhecimento e *habilidade para conduzir*. Alguém pode demonstrar conhecimento sobre botânica, mas não saber como conduzir o plantio de uma árvore – mexer com a terra, proteger as sementes, usar técnicas de poda para favorecer o crescimento etc. Um médico pode demonstrar conhecimento sobre o protocolo para dar más notícias a um paciente, mas não saber como conduzir a situação na qual precisará dizer a um ser humano que alguém de sua família morreu no hospital. Pois bem, é este o abismo que existe entre os números 5 e 12.

A partir deste hiato em relação ao lugar da psicanálise na formação psiquiátrica oficial, é possível especular sobre os efeitos cotidianos deste tipo de currículo. Por exemplo, imaginemos um residente durante um momento de avaliação formal, quando é arguido sobre as tópicas psicanalíticas. Se quiser ter bons resultados, o residente responderá: consciente, pré-consciente e inconsciente, e, depois, ego, id e superego (mesmo levando em conta que Freud nunca tenha falado em primeira ou segunda tópica). Em seguida, ao ser solicitado sobre o conceito de contratransferência, ele se apoiará na leitura que teve do *Vocabulário da psicanálise* (1968/2012), de Pontalis e Laplanche, e escreverá sua resposta: contratransferência é o "conjunto das reações inconscientes do analista à pessoa do analisando e, mais particularmente, à transferência deste" (p. 102). Ele entrega sua prova e recebe uma boa nota, pois demonstrou ter conhecimento sobre nosso campo.

Mas será ele capaz de perceber e nomear as paixões (*pathos*, patologia) que sente por seus pacientes? E como se conduzir com tais percepções experimentadas no corpo, à flor da pele, no calor da prática clínica?

Obrigação curricular e obrigação de provocar

Seria uma surpresa, a esta altura do artigo, a informação de que diversos centros de formação não se nivelam ao mínimo exigido pelo MEC? Apesar da resolução de 2006, apesar dos seus itens 5 e 12, a psicanálise está incluída na prática clínica de algumas instituições.

Na cidade de São Paulo, o contato com a psicanálise faz parte do currículo obrigatório de três dos principais centros de formação de psiquiatras: a Faculdade de Medicina da Universidade de São Paulo, a Faculdade de Ciências Médicas da Santa Casa de São Paulo, e a Escola Paulista de Medicina. O programa de pós-graduação em psiquiatria das três instituições exige não apenas que os residentes demonstrem conhecimento sobre o tema, mas também que saibam conduzir psicoterapias a partir de supervisões de orientação psicanalítica. O mesmo não se passa em todos os centros de formação nacionais, mas este tipo de estrutura curricular se repete em diversos hospitais-escola ao longo do país.

Investigaremos agora o que significa a obrigatoriedade da experiência analítica no contexto da formação dos médicos residentes. Para isto, sugiro separá-los em três grupos distintos, dois deles ocupando polos opostos e o terceiro localizado na zona intermediária. Peço ao leitor que tolere a artificialidade desse agrupamento para que a exposição possa se beneficiar de uma clareza que não encontramos na complexidade do dia a dia. Sugiro que os três grupos não sejam percebidos como separados de forma radical, mas sim que se sobreponham em zonas de ambiguidade. Além disso, deve-se levar em conta que esta classificação só pode ser realizada *a posteriori*, ao final dos três anos de contato com os residentes em nossos grupos de seminários e supervisão. Só assim obtemos uma medida um pouco mais justa da trajetória percorrida por cada um.

No primeiro grupo encontramos pessoas muitos distintas, mas que podem ser reunidas por demonstrarem um traço em comum ao longo do tempo: o predomínio de uma pressão interna por saber sobre a vida inconsciente. Tal pressão é importante para a clínica e a teorização da psicanálise, e parece já ter sido trabalhada por diversos autores sob nomes diferentes. Epistemofilia (no caso específico em que o inconsciente é o objeto de curiosidade), desejo de análise, construção/introjeção do objeto de funções analíticas, vínculo +K, amor à verdade etc. É o mesmo traço que empurrou Freud na direção dos sonhos, dos lapsos, dos sintomas neuróticos, de sua autoanálise e da fundação de nosso campo de conhecimento. São sujeitos inclinados a procurar um analista em algum momento de suas vidas, e cujo comportamento de frequentar tais consultórios, de deitar-se em um divã e de falar livremente coincide com a instalação do processo analítico. Para evitar idealizações de qualquer tipo, quero deixar claro que são pessoas que seguramente manifestam resistência e cujos sistemas de defesa atuam de modo constante. No entanto, sublinho a ideia de que diante dos conflitos intrapsíquico e intersubjetivo, a pressão por saber tende a predominar ao longo do tempo. Nesse primeiro grupo, a obrigatoriedade do estágio clínico de orientação psicanalítica pode ser relativizada. Isso se dá porque tais sujeitos transmitem a impressão de que optariam por esta experiência em um ou outro momento, mesmo que isso não lhes fosse imposto por uma instituição. Aliás, não são raros os casos nos quais o residente diz que buscou a especialização em psiquiatria justamente por coincidir em parte com a prática no campo psicanalítico. E não surpreende o fato de que muitos desses residentes procurem por formação psicoterápica e/ou psicanalítica ao longo ou ao término da formação psiquiátrica. Nesses casos, a discussão sobre a obrigatoriedade aparenta ser menos importante do que a discussão sobre como alguém se autoriza a atender. Ou seja, a obrigatoriedade deste estágio poderia encobrir conflitos sobre as responsabilidades envolvidas no desejo de ser psicoterapeuta ou psicanalista? É uma questão que aproxima estes fenômenos com a seara da formação psicanalítica.

Passando para o polo oposto, no segundo grupo encontramos os residentes nos quais o predomínio é exercido pelas forças contrárias. São sujeitos nos quais a resistência e as defesas sobrepujam a pressão por conhecer os aspectos inconscientes de si ou de seus pacientes. Mais uma vez, há de se destacar que essa observação se limita ao período em que acompanhamos os médicos residentes durante sua pós-graduação, e que certamente existem momentos de *insight* e elaboração valiosos. No entanto, o olhar com alguma distância revela que o aspecto defensivo prevalece ao longo desta janela de observação. São pessoas que por vezes até mesmo procuram um analista, mas essa procura não é suficiente para instalar a situação analítica, e a neurose de transferência permanece obstruída *in statu nascendi*. Aqui, a obrigatoriedade dos seminários, dos atendimentos e das supervisões se faz sentir. Se por um lado a prática de orientação psicanalítica pode recrutar o desejo de saber sobre o inconsciente, por outro, a obrigatoriedade dela pode produzir o efeito contrário, tornando a resistência ainda mais vigorosa. No melhor dos casos, o residente consegue criar oposição e dizer textualmente "só estou aqui porque meu currículo mandou", ou qualquer outra versão deste tipo de ideia. Ele explicita sua discordância com o estágio, tolera o estudo teórico, mas solicita que não seja exposto ao campo clínico. Nestes casos, a resistência e as defesas podem ser abordadas de forma mais sincera, e o debate pode acrescentar a ambos os lados. Nas situações mais difíceis, o próprio residente ainda não sabe que está submetido à autoridade de certa figura. A cena se torna mais complexa quando o residente aceita o estágio, mas usa o espaço de seminários e especialmente o de supervisão como ponto de firme resistência. Em um trabalho intitulado "'Demanda de supervisão' e resistência à análise" (1992), Nathalie Zaltzman descreve um impasse semelhante:

> *Trata-se, neste caso particular, de uma grande resistência à psicanálise transformada em demanda de supervisão. Evidentemente, a resistência à análise não é de imediato aparente, senão a supervisão não teria sido empreendida ... Percebe-se que o analista em supervisão justamente teoriza muito e muito pouco informa de sua prática. Ele fabrica uma colcha de retalhos de reflexões, de empréstimos fragmentários de teorias não apreendidas em seu conjunto, com uma tonalidade de sedução-reivindicação em que a trama da análise identificada como fio condutor da supervisão é difusa, alusiva, muito acessória, em que o vínculo com as referências teóricas pensadas obedece à lógica das associações do analista mais do que ao material do paciente ... Este caso particular da clínica da supervisão racionalizada como uma urgência de teorização é uma forma muito disfarçada e sobretudo muito dificilmente acessível de demanda terapêutica. (pp. 59-60)*

Se mais ao início deste capítulo já havíamos constatado que, no campo psicanalítico, a oferta pode induzir a demanda, aqui passamos a afirmar o contrário. A oferta de atendimento clínico e a supervisão podem servir como resistência à psicanálise. E é assim que nos deparamos com o seguinte cenário – em um primeiro momento a busca por supervisão indica pressão por saber. Já no momento seguinte, a mesma busca indica pressão por não saber. Que estética caleidoscópica demonstra a resistência, não?

Como é de se esperar, passaremos agora para a zona mais ambígua, o terceiro grupo de médicos-residentes, que tem sua identidade formada pela ausência do predomínio do primeiro e do segundo conjuntos de forças. Levando em conta as experiências dos últimos anos no hospital, este grupo repetidamente se mostra o maior em termos numéricos. Ou seja, a maior parte dos médicos residentes com quem convivemos não se coloca de forma passional em relação à psicanálise, mas dispõe de alguma permeabilidade a ela. São sujeitos que podem ou não procurar o divã, e que podem ou não instalar o processo analítico em suas sessões. Na maior parte das vezes, observa-se que tudo isso acontece e *des*acontece ao longo do tempo. Nesses casos, a obrigatoriedade do estágio por vezes alimenta o desejo de saber sobre a vida inconsciente, e por vezes a desestimula, alternadamente. Quero enfatizar aqui o aspecto fluido e sem preponderância da balança. Se ao longo dos três anos um desses lados se manifestar com mais intensidade, esse sujeito passará a fazer parte de um dos dois grupos anteriores. Ao final desse tempo de observação, são pessoas que não estão inclinadas a se tornar psicanalistas, mas que ao mesmo tempo não se incomodam o suficiente com as rupturas que a psicanálise pode provocar.

Delineados os três grupos, gostaria de encerrar este trabalho com a circunscrição de um campo de pesquisa: *os efeitos analíticos que ocorrem fora do contexto de um processo psicanalítico nos psiquiatras em formação.* Por definição, esse campo exclui *a priori* os residentes que pertencem ao primeiro grupo. Nestes casos, a situação analítica se instala, o trabalho ganha corpo e testemunhamos os efeitos mais robustos de nosso ofício clínico. Observamos psiquiatras que se beneficiarão dos diversos efeitos de suas análises, e alguns se tornarão psicanalistas ao longo de sua trajetória. As questões levantadas por esse grupo já vêm sendo examinadas pela nossa comunidade e pelos nossos institutos de formação há décadas.

144 TERÇA-FEIRA DE MANHÃ

Do outro lado, no segundo e no terceiro grupos, encontramos os médicos residentes nos quais esse processo não irá ocorrer. Mesmo assim, o convívio com tais pessoas nos permite afirmar que os seminários e supervisões podem produzir efeitos analíticos – rupturas de campo que acontecem de forma menos sistemática, mais pontual. Penso que este é um campo de pesquisa rico e pouco explorado, cujos resultados podem trazer impacto significativo sobre como compreendemos a clínica e a formação no campo da psiquiatria e da psicanálise.

Citarei aqui apenas duas observações que se repetem ao longo do tempo dentro deste recorte de investigação. Elas tratam da tomada de consciência, por parte dos residentes do segundo e terceiro grupos, de certas características da vida mental inconsciente no contexto de sua clínica.

A primeira se refere ao caráter alucinatório das manifestações transferenciais-contratransferenciais. Por exemplo, quando um residente, ao atender um paciente em psicoterapia, consegue se identificar e se desidentificar com certo objeto, e pensar sobre tal dinâmica. Não é raro observarmos que, a partir de uma experiência como essa, algo sobre sua capacidade de percepção muda. O residente começa a reconhecer a existência de deformações da instância Cs-Pcp por forças inconscientes/pulsionais, o que faz com que confie de maneira menos absoluta nos seus sentidos. Este tipo de ganho analítico tem a capacidade de instabilizar a onipotência positivista que encontramos com frequência no campo da formação médica.

A segunda trata do absurdo descoberto por Freud, a existência de satisfação sexual em boa parte dos sintomas psiquiátricos. Quando um médico consegue se deparar com este fato, quando começa a vislumbrar a diferença entre demanda e desejo (Lacan, 1966/2001), algo é abalado. O *furor curandis* se revela mais uma das versões do eu ideal, e cada médico se vê diante de questões éticas profundas sobre o seu ofício.

Por fim, faço minhas as palavras de uma colega residente que ainda não sei situar em nenhum dos três grupos descritos. Sobre a obrigatoriedade do contato com a psicanálise durante a formação psiquiátrica, ela diz: "Não acho que devemos ser obrigados a gostar de psicanálise, mas acho que vocês [psicanalistas] têm a obrigação de nos provocar com o que sabem".

Referências

Brasil. Comissão Nacional de Residência Médica. Resolução CNRM n. 2, de 17 de maio de 2006. Dispõe sobre os requisitos mínimos dos Programas de Residência Médica e dá outras providências. Recuperado de: http://portal.mec.gov.br/index. php?option=com_docman&view=download&alias=512-reso-lucao-cnrm-02-17052006&Itemid=30192

Freud, S. (2010a). O inquietante. In S. Freud, *Obras completas* (P. C. de Souza, Trad., Vol. 14, pp. 328-376). São Paulo: Companhia das Letras. (Trabalho original publicado em 1919).

Freud, S. (2010b). Recordar, repetir e elaborar. In S. Freud, *Obras completas* (P. C. de Souza, Trad., Vol. 10, pp. 193-209). São Paulo: Companhia das Letras. (Trabalho original publicado em 1914).

Freud, S. (2010c). Três ensaios sobre a teoria da sexualidade. In S. Freud, *Obras completas* (P. C. de Souza, Trad., Vol. 6, pp. 13-172). São Paulo: Companhia das Letras. (Trabalho original publicado em 1905).

Lacan, J. (2001). O lugar da psicanálise na medicina. *Opção Lacaniana, 32*, 8-14. (Trabalho original publicado em 1966).

Laplanche, J. & Pontalis, J. B. (2012). *Vocabulário da psicanálise.* 5a ed. São Paulo: Martins Fontes (Trabalho original publicado em 1968).

Lerner, R. (2018). Trabajo de investigación con psicoanálisis en escala grupal: basamento en evidencias y consecuencias políticas. In F. M. Gómez, & J. M. Tauszik (Orgs.), *Psicoanálisis latinoamericano contemporáneo.* Buenos Aires: Asociación Psicoanalítica Argentina.

Zaltzman, N. (1992). "Demanda de supervisão" e resistência à análise. In C. Stein et al., *A supervisão na psicanálise* (E. B. P. Leite, Trad., pp. 55-64). São Paulo: Escuta.

Quarta-feira de manhã[1]

"Oi."

"Oi."

"Essa noite eu tive aquele sonho de novo."

Eu o conheço, já nos vimos algumas vezes, mas, apesar do meu esforço, ainda não consigo me lembrar de sua história ou de seu sonho repetido.

"Você me conta o sonho de novo?"

"Eu sonhei que estava preso aqui mesmo, na Fundação [Casa], e eles tinham comprado espelhos para pôr nos quartos. Mas quando eu me olhava, eu não tinha um rosto. Fiquei assustado e acordei."

Estou no carro dirigindo por uma estrada que se afasta do centro em direção às margens da cidade. As construções vão gradualmente diminuindo de altura, e a vegetação passa a predominar na

---

1 Uma versão deste capítulo foi publicada anteriormente em: *Revista Brasileira de Psicanálise*, 51(4), 107-121, 2017.

148   QUARTA-FEIRA DE MANHÃ

paisagem com o passar do tempo. A mínima parte da minha atenção se põe a guiar o carro de modo quase automático, enquanto a maior parte se concentra nas notícias que são transmitidas pelo jornal da manhã no rádio. Estou tentando pensar sobre o cenário político atual, as diversas denúncias de corrupção, as investigações criminais, o movimento apaixonado das massas para esquerda, direita, cima, baixo, para todos os lados. Sinto que estou confuso, sem saber como alojar todo aquele volume de informações. Estou cansado já nesse primeiro momento do dia, mas continuo a ouvir as notícias.

Quando o carro chega à Fundação Casa, percebo que estou surpreso, como se eu tivesse sido conduzido até ali. Como se a minha própria rotina das quartas-feiras de manhã me fosse inédita. Eu não estava esperando (querendo?) chegar ali. Depois, fico surpreso em estar surpreso, pois noto que toda essa sequência de eventos já havia acontecido na semana anterior, e na anterior àquela e em muitas outras mais. Entendo toda a situação como uma repetição monótona, um provável sintoma. Sintoma de quê?

O guarda abre os portões da rua para que eu possa entrar, e o carro perambula preguiçoso por um caminho que vai chegar no portão principal. Ali, desligo o rádio e desço do veículo. O segurança que me recebe parece gentil (desconfiado), faz a revista em meu corpo, e me acompanha até o porta-malas. Preciso abri-lo para provar que não estou transportando nada de modo clandestino para dentro daquela unidade. A situação me produz tranquilização (ansiedade). Eles não sabem que todos os dias levo e trago impressões daquele local dentro de um outro bagageiro. Sinto que este texto que estou escrevendo é clandestino. Por diversas vezes, tenciono não o escrever, ou esquecê-lo no fundo de uma pasta no computador.

Depois, o carro segue por uma região de mata e a temperatura vai caindo. Os jardins são malcuidados, assim como a estrada esburacada e as casas em erosão. A imagem de uma das paredes captura meu olhar. Nela há um rasgo desde a superfície até o interior, expondo todas as suas camadas viscerais. A obra é espessa: pintura externa, argamassa, reboco, tijolos e o vazio do buraco. Sinto um frio na barriga. Horror? Fascínio? No limite do desconforto, desvio meu olhar. Sigo até o estacionamento e depois caminho até a entrada do centro de atendimento aos adolescentes.

Chego até a minha sala. Existe uma poça ressecada de vômito no chão, coberta por papéis toalha sujos. Aquela cena está ali há vários dias. Fui eu quem colocou os papéis sobre o vômito ainda umedecido uma semana atrás. Tinha a esperança de que aquela ação fosse apenas providencial até que a equipe de limpeza pudesse chegar. Não há equipe de limpeza. Há uma funcionária que está de licença por motivo de tratamento de saúde. Existem outras pessoas circulando por ali, mas, bizarramente, elas não parecem se importar com o vômito. Olho novamente e chego a uma outra conclusão: acho que aquelas pessoas *não estão mais enxergando* o vômito (Freud, 1927/2014). Peço para conversar com um dos funcionários da administração. Ele estranha o meu estranhamento com aquela cena, estou criando um problema. Não há equipe de limpeza, não há outro consultório que eu possa usar. Sinto náusea, não só pelo vômito, mas pela precariedade da situação como um todo. Retiro os papéis sujos do chão e os jogo no lixo. Molho novos papéis na pia e esfrego o chão, tornando a mancha um pouco menor (quase nada, na verdade).

Em seguida, me dirijo até a mesa de trabalho. Ela está completamente bagunçada. Por toda a sua extensão há folhas jogadas: receituários, folhas de prescrição, guias de encaminhamento, folhas de prontuário, papel carbono, sulfites etc. Muitas estão rasgadas

150 QUARTA-FEIRA DE MANHÃ

em um ou vários pedaços, e outras foram amassadas até se tornarem uma bola de papel. Olho para o chão e não encontro um lixo. A mesa é o lixo. A sala é o lixo. Saio da sala e vou falar novamente com o mesmo funcionário já mencionado, que, ao me ver mais uma vez, se mostra disponível (irritado). Ele me aconselha a deixar tudo ali num canto mesmo, depois alguém da limpeza vai passar e recolher o lixo. Fico em dúvida com a percepção que ele tem sobre a situação da funcionária da limpeza. Ele não sabe que ela está afastada? Ele sabe e está mentindo para mim? Ele sabe e está mentindo para si? Ele sabe e não sabe ao mesmo tempo? Não sei. Volto para a sala, recolho os papéis que se tornaram lixo e guardo dentro da minha mochila. Organizo os demais por cima da mesa, preparando o consultório para dar início aos atendimentos. Enquanto me encarrego desses cuidados ao ambiente, leio o que está escrito em algumas dessas folhas. Elas são o resto de um ambulatório de clínica geral que se passou naquela sala durante o dia anterior. Quem deixou a sala naquele estado foi um colega de trabalho. Isso me deixa irritado, e, a respeito dele, me coloco perguntas sobre o porquê de ter deixado a sala naquelas condições. Observo que quase todas as perguntas que me ocorrem não têm resposta, e faço força contra mim mesmo para não as jogar no lixo.

Termino de organizar a mesa e agora sinto que posso chamar os adolescentes para iniciar a atividade clínica. De repente, a mancha de vômito salta novamente aos meus olhos. Assustado, noto que eu também havia deixado de vê-la nesse meio tempo, acho que confiei demais no meu poder de esfregá-la. A irritação que sentia pelos dois colegas citados vai se transformando em tristeza, pois vejo que eu também estou submetido a uma tendência em deixar de perceber aquilo que é intolerável. Arrogante, acho que estava pensando comigo mesmo: "Eu não sou esse tipo de pessoa que faz vista grossa. Faço análise, supervisão, seminários, não vou fazer como aqueles que ignoram a sujeira e a bagunça. Não vou sentir descaso, não vou fechar os olhos para a situação dessa instituição e desses adolescentes".

Ledo engano, não estou em posição de fazer tais escolhas. Resignado, ambiciono conviver com minhas limitações. Faço o plano de usar aquela mancha como uma espécie de instrumento de navegação. A (im)possibilidade de enxergá-la será minha medida pessoal do grau de recusa em jogo. Talvez não seja possível trabalhar neste local sem estar submetido a este tipo de experiência. Vejo que os adolescentes ainda não chegaram. Vou até a mesa, pego uma folha em branco e começo a tomar notas sobre tudo que estou vendo e pensando. Isso me parece fundamental, pois sinto que preciso escrever para poder olhar minha cegueira de frente. A atividade age de forma a dar representação ao buraco negro do esquecimento, da inexistência. O buraco produziu minha angústia, a angústia se transformou em anotações, e as anotações se reuniram neste texto.

Saio para chamar os pacientes, mas eles não estão ali. Vou até a sala de enfermagem e sou informado de que parte deles não virá à consulta de hoje. Houve uma pequena rebelião durante a madrugada, e muitos se feriram em confronto físico com os seguranças. Já foram encaminhados para o hospital, e depois seguirão para a delegacia para registrar boletim de ocorrência. A outra parte do grupo está a caminho, mas chegará atrasada. A notícia é grave e ao mesmo tempo repetida, habitual. Percebo que não consigo me espantar com o acontecido, ouço tudo com uma certa naturalidade. Vejo que o sentimento de naturalidade vai me provocando um incômodo, e então chegam o cansaço e a dor de cabeça. Torno a escrever, vou me tratando.

Volto para a sala e pego o prontuário do primeiro paciente agendado. Leio seu nome na capa, mas ele não me diz nada. Não consigo evocar a imagem de seu rosto, sua queixa ou sua história. Sobre esse fato, penso que o número de pacientes sob meus

152   QUARTA-FEIRA DE MANHÃ

cuidados é enorme, e que o trabalho se dá no limite das condições que considero aceitáveis. No entanto, eu já trabalhei em condições semelhantes em muitos outros lugares, mas nunca tive este mesmo tipo de dificuldade. Nunca este mesmo tipo de esquecimento. Sinto aqui o poder gravitacional do buraco negro. Abro o prontuário e o folheio em busca das minhas anotações, talvez elas possam me apaziguar. O prontuário está surrado, é evidente o descaso cotidiano com o qual ele é manuseado. Muitas folhas estão manchadas, semirrasgadas, embaralhadas, ou uma mistura disso tudo. Percorro sua extensão por duas vezes e não consigo achar meus registros. A cada nova tentativa cresce um sentimento de desespero, mas na terceira vez eu enfim os encontro, ufa! Apesar da brevidade, leio minha própria caligrafia e consigo reconstruir alguma imagem daquela pessoa, e de mim mesmo atendendo aquela pessoa. Olho novamente para a minha bússola: o resto ressacado do vômito existe, está ali.

Logo depois, o meu primeiro paciente chega escoltado por um dos seguranças da unidade. Ele vem cabisbaixo, em silêncio, algemado. É conduzido até a sala de espera e se senta no chão. O segurança desliza uma pesada barra de ferro e o tranca com um estrondo de metal. Em seguida, este se dirige a mim também cabisbaixo, em silêncio e com respeito (medo). Ele teme a autoridade que me confere. Seu temor se relaciona ao modo como usa sua autoridade com os adolescentes. Em geral, quanto mais violento é um segurança, com mais docilidade ele me trata. Percebo a pressão da identificação projetiva (Klein, 1946/2011) com mais nitidez quando sinto a tendência em agir de forma dura e autoritária com eles também. Lembro que muitos dos funcionários da segurança um dia foram adolescentes que ficaram internados na própria Fundação, e que depois tiveram a oportunidade de retornar nesta outra posição. Mudam as roupas, a fantasia permanece. Autorizo a entrada do paciente e ele vai buscá-lo. Ele volta com ele e ele entra.

Vejo que ele está com algemas nas mãos. Peço que ele volte para que possa retirar suas algemas. Recebo um olhar que me diz: "Tem certeza?". Eu confirmo, e ele tira as algemas dele, a porta se fecha e agora estamos só nós dois ali. Eu estendo a mão para cumprimentá-lo e ele atravessa meu gesto, me abraça, e eu o abraço de volta. A máscara sisuda se estilhaça num sorriso e ele se senta.

"Oi."

"Oi."

"Essa noite eu tive aquele sonho de novo."

Eu o conheço, já nos vimos algumas vezes, mas, apesar do meu esforço, ainda não consigo me lembrar de sua história ou de seu sonho repetido.

"Você me conta o sonho de novo?"

"Eu sonhei que estava preso aqui mesmo, na Fundação, e eles tinham comprado espelhos para pôr nos quartos. Mas quando eu me olhava, eu não tinha um rosto. Fiquei assustado e acordei."

Qual a prioridade desse rapaz ao me ver novamente depois de um mês? Falar sobre o seu sintoma? Sobre a medicação? Sobre as terríveis condições de sua internação? Sobre sua realidade socioeconômica, um pesadelo desperto? Sobre seus crimes, seu envolvimento com facções criminosas? Nada disso. Sua prioridade é me abraçar e me contar um sonho. O efeito da narração é imediato, a imagem que tenho dele se torna um tanto mais consistente e uma série de memórias sobre sua história passam a emergir dentro de mim. Respondo a partir do local onde fui colocado:

"Agora eu me lembrei do seu sonho. Por que você acha que ele se repete tantas vezes?"

"Sei lá, talvez ele esteja me mandando alguma mensagem."

154 QUARTA-FEIRA DE MANHÃ

"Qual mensagem?"

"Não sei... [Algum tempo em silêncio.] Essa semana eu estava vendo de novo uns episódios daquele seriado que eu gosto, aquele dos tronos, sabe? Então, tem uma parte que eu gosto bastante, é sobre uma menina que perde os pais e tem que se virar sozinha, esqueci o nome dela. Ela encontra um grupo de assassinos que dão casa e comida para ela, e que começam a treinar ela para ser uma assassina também. Eles acreditam no Deus de Muitas Faces, que é um deus da morte. No treinamento, ela tem que esquecer que ela é ela, que ela tem um nome, que ela tinha pais, que ela tinha irmãos e amigos. Ela tem que se tornar Ninguém para depois poder se disfarçar com qualquer identidade que ela queira. Esse é o melhor jeito para poder se aproximar dos outros e matar quem precisa ser morto. Nesse treinamento, o mestre dela fica perguntando: 'Qual é seu nome?'; ela responde: 'Eu não tenho nome'. Daí, se ele acha que ela não acredita no que está dizendo, ele a espanca e diz que ela ainda acredita que é Alguém. E daí... Doutor, posso tirar minha blusa, tô com calor..."

"Sim, claro."

Nos outros ambientes da Fundação ele não pode tirar a blusa, deve ficar uniformizado com o moletom azul comum a todos os adolescentes. Do meu ponto de vista, tal uniformização contribui bastante com o Deus de Muitas Faces. Ele tira a blusa e por baixo veste uma camiseta de mangas curtas. Tem braços fortes e os apoia sobre a mesa, na minha direção. Suas tatuagens se fazem presente ao meu olhar.

"Você tem muitas tatuagens."

"Ah, é verdade, quer saber o que elas significam?"

"Sim."

Ele começa a descrever os significados das tatuagens, uma a uma, e penso que elas poderiam ser reunidas em dois grupos diferentes. O primeiro grupo representa o processo de despersonalização. Tornar-se Ninguém, ser eficiente dentro de um grupo criminoso, adorar o deus da morte. Ele fala, um tanto desafetado:

"Esta aqui significa que sou membro do grupo P. Esta aqui significa que um policial está cercado por quatro bandidos e que ele vai morrer. Esta aqui significa paciência para que o crime possa ser premeditado com frieza. Esta aqui significa que a vida é só um jogo, como um jogo de cartas ou de dados, então tanto faz viver ou morrer. Esta aqui significa o tráfico de drogas. Esta aqui... Não, esta aqui deixa para lá. Esta outra aqui significa..."

"Espera, por que você pulou esta aí?"

"Ah, é porque esta é triste, esta é pra lembrar de um amigo meu de infância que morreu no crime. Ele era meu parça [parceiro]."

Ele se entristece, seus olhos ficam marejados. Ele tenta engolir o choro e continua a falar sobre o primeiro grupo de tatuagens. Busca fazer a raiva triunfar sobre a tristeza, mas já não consegue, começa a chorar bastante. A tatuagem do luto de seu parça é representante do segundo grupo. São tatuagens que erguem um espelho diante de si e lhe mostram que ele ainda acredita ser Alguém. Também nesse grupo estão tatuados: o nome de sua filha, o nome de sua mãe, o nome de sua avó, o nome de suas irmãs e irmãos (não há o nome do pai, e também nunca houve um pai), uma estrela que representa a mulher que ama (ele não sabe que ainda a ama, ficou revoltado com o afastamento dela depois de seu terceiro crime, mas fala dela quase o tempo todo quando conversamos), o time de coração (aquele que sabe ser o mesmo time de seu avô materno), uma lágrima tatuada logo abaixo do seu olho que significa a tristeza provocada em quem está lá fora.

O tempo da consulta já se esgotou há muito tempo, ouço vozes do lado de fora que estão interrogando sobre meu atraso. Apesar da pressão, sustento o espaço para que meu paciente possa elaborar um pouco mais em silêncio. Enquanto isso, reflito sobre o longo caminho que percorremos até aqui. De início, meses e meses diante de graves sintomas psiquiátricos e repetidas atuações autodestrutivas, até que um sonho pudesse ser constituído. Dali, mais uma travessia até hoje, quando o sonho repetido ganha significados que possam ser falados e escutados. E daí em diante não sei, veremos. Mas quando se sonha ser Ninguém, já não se é Ninguém. Neste momento, ele é Alguém que sonha ser Ninguém, e aqui se apresenta uma das potencialidades fundamentais do trabalho psicanalítico. A possibilidade da Fundação de uma Casa psíquica.

O encontro se dirige para um final:

"Alguém, eu preciso encerrar a consulta, estamos no tempo..."

"Tudo bem, posso continuar tomando o remédio que você meu deu?"

"Sim, você acha que está ajudando?"

"Ele ajuda bastante com o sono, e com a solidão também. Eu tomo ele e me lembro de você, das nossas conversas, eu acho que ele me faz sonhar. Esse remédio faz as pessoas sonharem?" (cf. Winnicott, 1953/1975).

"Pelo visto sim."

"Tá, então vou continuar. Só mais um minuto, eu preciso te mostrar mais uma coisa..."

Ele dobra a cintura de sua calça de forma a expor a costura interna do tecido. Em seguida, manuseia o buraco pelo qual passa o cordão e retira de lá um papel enrolado. Quando ele o desenrola, o papel se transforma na foto de uma criança. Ele a entrega nas minhas mãos e observa minha reação. Enquanto olho para aquela menina, ele diz:

"Eu te falo tanto da minha filha que eu queria que você visse ela também, com os seus próprios olhos, sabe? Eu continuo pensando bastante nela, e minha família só consegue trazer ela de vez em quando para me visitar aqui dentro. Como eu fico com muitas saudades, minha mãe me mandou esta foto e eu colei na parede do meu quarto uns meses atrás. A Fundação deixa a gente manter algumas fotos, eles acham que ajuda a passar o tempo aqui na internação. Eu gosto muito desta foto, tem dias que eu fico um tempão só olhando para ela, todo meu tempo livre. Mas daí tem um problema. Eu não podia ter trazido a foto aqui, é proibido, ela só pode ficar no quarto. Quando eu voltar lá para dentro, os seguranças vão me revistar e vão achar a foto. Daí eu vou apanhar e eles vão rasgar a foto da minha filha. Doutor, eu queria pedir para você não contar para ninguém que eu trouxe esta foto e queria pedir para você guardar ela com você. Daí, quando você sair, você pode jogar ela fora e ninguém vai ficar sabendo. Pode ser?"

"Mas eu tenho que jogar ela fora?"

"Sei lá, você quer ficar com ela para você?"

"Eu posso?"

Suas pupilas se dilatam, e seus olhos se iluminam antes de ficarem marejados.

"Então tá, a foto é sua. Até a próxima!"

Ele se levanta, me abraça novamente e depois entra em seu moletom. Vamos até a porta do consultório, ele torna a vestir sua máscara sisuda e abaixa a cabeça. O segurança o algema e o conduz de volta até seu quarto.

158   QUARTA-FEIRA DE MANHÃ

* * *

No momento em que escrevo este pedaço do texto, uma lembrança surge de repente. Eu havia me esquecido, mas aquela foto ainda está comigo! Faço um intervalo e vou até a minha mochila para buscar a foto da filha de Alguém. Ela estava guardada na minha carteira desde então, junto às fotos que tenho de outros familiares. As bordas foram recortadas de forma irregular, para se adequar ao tamanho permitido nos quartos. O papel está amassado por ter sido levado dentro da costura, clandestinamente, até a consulta. Sua filha é uma menina de cerca de 2 anos que está chupando a metade de uma laranja. Seu semblante é sério e ela está atenta à câmera. Os olhos têm o mesmo desenho dos do pai. Olho a foto, me lembro dele e volto a escrever o texto.

Lembro também das recomendações de Freud a Pfister, sobre o fazer e o escrever psicanalítico:

> *Acho, portanto, que a análise sofre do mal hereditário da – virtude. Ela é obra de um homem decente demais, que também se sabe comprometido com a discrição. Acontece que estas questões psicanalíticas somente são compreensíveis numa certa totalidade e minuciosidade, assim como a própria análise só anda quando o paciente desce das abstrações substitutivas para os pequenos detalhes. A discrição é, portanto, incompatível com uma boa configuração de uma análise. A gente precisa tornar-se um mau sujeito, jogar-se fora, abandonar, trair, comportar-se como um artista que compra tintas com o dinheiro do orçamento doméstico da esposa, ou aquece o ambiente para a modelo queimando os móveis da casa. Sem tal dose de* criminalidade, *não há produção correta. (Freud, 2009, pp. 52-53)*

O grifo é de minha parte. Pelas regras daquela instituição, eu não poderia ter ficado com esta foto. Mas eu aceitei a proposta de meu paciente. Escondi a foto comigo, e o segurança que me revistou no portão de saída não a encontrou. Este texto também é uma confissão. Meu paciente ficou com seus sonhos, e eu saí com meu crime (Ferenczi, 1909/2011).

Referências

Ferenczi, S. (2011). Transferência e introjeção. In S. Ferenczi, *Psicanálise I* (pp. 87-123). São Paulo: Martins Fontes. (Trabalho original publicado em 1909).

Freud, S. (2009). Carta 19. In S. Freud, *Cartas entre Freud & Pfister: um diálogo entre a psicanálise e a fé cristã* (pp. 52-54). Viçosa: Ultimato.

Freud, S. (2014). O fetichismo. In S. Freud, *Obras completas* (P. C. de Souza, Trad., Vol. 17, pp. 302-310). São Paulo: Companhia das Letras. (Trabalho original publicado em 1927).

Herrmann, F. (2003). Clínica extensa. In L. M. C. Barone, *A psicanálise e a clínica extensa* (pp. 17-31). São Paulo: Casa do Psicólogo.

Klein, M. (2011). Notes on some schizoid mechanisms. In M. Klein, *Envy and gratitude and other works 1946-1963* (pp. 1-24). New York: The Free Press. (Trabalho original publicado em 1946).

Winnicott, D. W. (1975). Objetos transicionais e fenômenos transicionais. In D. W. Winnicott, *O brincar e a realidade* (pp. 13-44). Rio de Janeiro: Imago. (Trabalho original publicado em 1953).

Esporte sem atividade física é esporte?[1]

E-sports

Como é habitual em nosso ofício, vou partir da clínica para poder desenvolver algumas ideias.

Rafael procurou análise por constatar que se boicotava a todo instante, e que estava completamente paralisado em sua vida. Filho de pais que sempre hipervalorizaram o estudo formal, estava sendo pressionado por eles e por si próprio a tomar o rumo universitário. Segundo ele, tal pressão revelava ainda um princípio rígido que conheceu logo nos primeiros momentos da adolescência: viver é fazer faculdade e depois trabalhar – sem nenhuma variação que possa ser considerada legítima. No entanto, Rafael já havia abandonado três cursos superiores, e em sua quarta tentativa a mesma repetição se manifestava: faltava-lhe ânimo para sair da cama e ir até as aulas, não conseguia progredir nas matérias e, em meio a inúmeras recuperações e dependências, desistiu do curso mais

---

1 Uma versão deste capítulo foi publicada anteriormente em: *Jornal de Psicanálise*, *52*(96), 145-155, 2019.

uma vez – logo em seguida das entrevistas iniciais. Olhando com mais cuidado, não era apenas o ânimo que lhe faltava. No fundo, Rafael não conseguia ver sentido no caminho que tentava trilhar pela quarta vez. Sob associação livre, com a voz vacilante e tateando o que dizer em seguida, ele foi descobrindo que aquele projeto não lhe pertencia. Mas então o que fazer com sua vida? O que tinha sentido para esse paciente?

Rafael gosta de jogos eletrônicos – desde muito cedo ele usa grande parte do seu tempo para jogar videogame, computador ou fliperama. E também desde muito cedo seus pais olham com desconfiança para esse seu gosto. Sempre enxergaram isso como uma fuga, como um perigoso desvio do bom caminho a se tomar, do único caminho a se tomar: o estudo formal, a escola. Ressentido, ele tem muita raiva dos pais a respeito disso, pois nunca puderam reconhecer a legitimidade do amor que ele sempre teve pelos jogos. Há algum tempo, nas sessões, ele tem arriscado dizer em voz alta qual é seu verdadeiro sonho: tornar-se um atleta eletrônico. Sua modalidade de escolha é um jogo de fliperama chamado *Pump it up*, ou apenas *Pump* para os íntimos. Trata-se de uma máquina na qual se deve dançar conforme o ritmo e a melodia de uma música mediante botões que ficam no chão. Enquanto toca a música, o jogador deve pisar nesses botões de acordo com a sequência de passos que é proposta pela máquina a cada instante da música. Há um brilho em seus olhos quando ele me fala qualquer coisa a respeito de seu querido *Pump*.

E conforme meu paciente diz com mais propriedade sobre aquilo que o desperta, começo a perceber uma mudança no registro contratransferencial. Havia notado que desde as entrevistas eu era tomado de um certo compadecimento por ele, mas agora, quando ouvia sobre sua paixão, sobre sua ideia de ser um atleta virtual, passei a pensar que aquilo nunca iria para a frente. Em primeiro lugar, me peguei julgando que achava um pouco exagerado o uso do termo "atleta" para um jogo de fliperama. Além disso, muitas vezes me ocorria a ideia de que seus pais estavam certos, de que ele estava vagabundeando, tentando escapar da faculdade e de trabalhar. Em certa sessão, cometi um lapso, perguntei se naquele dia ele havia ido *brincar* no *Pump*. Ele me flechou com seu olhar e disse que, para ele, aquilo não era uma brincadeira. Assim, uma vez revelada minha identificação com tal objeto, eu pude assumir uma nova posição de escuta, e uma série de afetos raivosos começaram a eclodir em transferência: "Que merda! Nunca ninguém botou fé em mim!". A análise se tornou dura, pesada, o tempo que antes fluía com facilidade agora se arrastava para passar ao longo de uma sessão. E um dia, como uma fresta nesse clima fechado, Rafael me disse que já havia alguns meses estava conseguindo acordar cedo e pôr em prática sua rotina de trabalho. Desde o início da análise ele se queixava de não conseguir acordar cedo, de procrastinar para tudo (menos para vir às sessões), de se sentir preso à sua cama.

Ele trabalha duro, são cerca de catorze horas por dia. Pela manhã, acorda, toma seu café e começa a estudar e a jogar pôquer em um site de apostas. Ele me explica que esse jogo de cartas não é um simples jogo de azar – há uma técnica a ser estudada, praticada e aprimorada. Para minha surpresa ele começa a ganhar algum dinheiro de forma regular, e em breve planeja não precisar mais do suporte financeiro de seus pais. Eu me pergunto se esta surpresa que sinto não seria mais uma vez a dificuldade de me desidentificar do objeto que não bota fé nele. Depois do almoço ele sai com seu equipamento para treinar o *Pump* durante toda a tarde em shoppings e fliperamas pela cidade. Chega em casa, toma banho, janta e logo abre a sua transmissão online. Nela, milhares de pessoas o acompanham enquanto ele joga algum jogo e comenta ao vivo o que está se passando na tela. Rafael é um ótimo comunicador, e pessoas do seu meio já lhe disseram inúmeras vezes que ele tem

164 ESPORTE SEM ATIVIDADE FÍSICA É ESPORTE?

potencial não só como atleta, mas como *youtuber de games*. E, nos finais de semana, sempre há eventos, competições ou congressos. É uma vida cheia para um rapaz de 20 e poucos anos. Nos últimos tempos, um patrocinador lhe procurou. Está sondando sobre sua capacidade para lhe dar apoio financeiro contínuo tanto em sua prática de atleta como em seu canal de transmissão, no qual sua audiência vem crescendo dia após dia. Nesse ponto, seu sintoma retorna, boicotes intensos aos seus ganhos, novos jogos identificatórios, reação terapêutica negativa. Nada é fácil em análise, não? Outras camadas de sentido vão se constituindo, mas até aqui já tenho material que considero suficiente. E ao menos o brilho nos seus olhos persiste.

O caso de Rafael abre uma questão que me intriga bastante: o surgimento e o desenvolvimento dos esportes eletrônicos bem à nossa frente, um fenômeno contemporâneo. Eles também são chamando de *e-sports* e atualmente movimentam uma indústria bilionária. Há algumas semanas eu estava zapeando pela televisão até passar por um canal esportivo que transmitia imagens de um jogo de computador. Lembrando da cena, percebo que ainda está comigo o impacto de ver um jogo eletrônico ser transmitido em um canal de esportes na televisão pela primeira vez. Logo descobri que se tratava do campeonato mundial de *League of Legends* (também chamando carinhosamente pelos seus fãs de LoL), que se passava na Coreia do Sul. Lembrei imediatamente de meu paciente e assisti a algumas partidas. Descobri que, atualmente, esse é o jogo mais popular de todos os *e-sports*, e que esse campeonato era o maior evento já realizado nessa área. Transmitido também pela internet, cada confronto teve a média de 46,4 milhões de espectadores, e a final do campeonato foi assistida por mais de 200 milhões pessoas. São números que ultrapassam os maiores eventos esportivos tradicionais no mundo todo.

Mas, para além do impacto populacional e econômico, o que me interessa nesse fenômeno contemporâneo é a possibilidade de relançar uma antiga questão. Ela é a seguinte. Se tomamos em nossa mão aquilo que entendemos como esporte e, pouco a pouco, começarmos a despi-lo de cada um de seus aspectos, até onde aquilo que vai restando ainda pode ser chamando de esporte? A questão que nos divide quando confrontados aos esportes eletrônicos é esta: o esforço físico é parte inerente e fundamental à prática dos esportes? O esforço físico é parte intrínseca e indissociável do *método* esportivo? Ou ele é um elemento da *técnica*, por meio do qual nosso olhar ficou viciado por sempre observarmos os esportes enquanto sua prática coincidia com o esforço físico? Rafael é um atleta? No final de 2017, o Comitê Olímpico Internacional se posicionou de forma inédita. Após estudar a questão em detalhe, a instituição declarou de forma oficial: os *e-sports* podem ser considerados uma atividade esportiva, e os jogadores envolvidos se preparam e treinam com uma intensidade que pode ser comparável à de atletas de esportes tradicionais.

No fundo, trata-se de uma mesma questão que de tempos em tempos é relançada (ou ao menos deveria sê-lo) por diversas áreas da cultura humana: a arte, a ciência, e talvez também a psicanálise. Estamos diante da distinção entre técnica e método.

Impasses na técnica-padrão

O método de trabalho de um psicanalista foi em parte criado e em parte descoberto por Freud e seus pacientes. Há mais de 120 anos, este método vem sendo aplicado à clínica e à cultura. O resultado é um corpo de conhecimento que ao longo das gerações vai sendo armazenado e transmitido nas formas escrita e oral. Na minha opinião, uma das características centrais da psicanálise de

166 ESPORTE SEM ATIVIDADE FÍSICA É ESPORTE?

hoje é justamente tal acúmulo. Dessa maneira, duas perguntas se apresentam: um paciente que busca um analista hoje tem melhores chances de encontrar uma experiência analítica do que há cem anos? Um indivíduo que busca formação nos dias de hoje encontra-se necessariamente em melhores condições do que nossos antepassados, os pioneiros?

Um dos desdobramentos do acúmulo de conhecimento psicanalítico ao longo de todos esses anos é a adoção, por parte das instituições psicanalíticas, daquilo que poderíamos chamar de *técnica-padrão*. Este termo descreve um conjunto de procedimentos práticos que já se provou inúmeras vezes útil para favorecer o processo psicanalítico. Em outras palavras, a técnica-padrão inclui a série de injunções solicitadas pelos institutos de formação aos seus membros filiados. No nosso caso:[2] análise na frequência de quatro vezes por semana durante cinco anos; prática clínica em alta frequência supervisionada regularmente e a escrita dos relatórios; seminários clínicos e teóricos – tudo isso, preferencialmente, ocorrendo de forma concomitante. Mas aqui existem desafios da clínica e da formação de nossos tempos.

Há não muito tempo, recebi para entrevista uma paciente que buscava com todas as letras: "quero fazer análise quatro vezes por semana". A mim, um pedido incomum, ao menos em comparação com a minha prática, em que o aumento de frequência costuma ser fruto de uma trabalhosa conquista da dupla. Além disso, algo no modo como ela disse isso pareceu dar mais destaque para a frequência do que para a sua queixa – certos sintomas de ansiedade que amarravam parte de sua vida. Até onde consigo me lembrar, tive uma reação ambígua: estranhamento e satisfação. Satisfação por receber uma nova paciente e poder praticar psicanálise

---

2 Formação analítica na Sociedade Brasileira de Psicanálise de São Paulo (SBPSP).

segundo a técnica-padrão, e o estranhamento eu havia atrelado de modo equivocado ao fato de ela não poder me pagar muito por cada sessão.

Então começamos, e não demorou muito para que o estranhamento fosse tomando uma forma mais nítida para mim: tratava-se de um clima de artificialidade. Enquanto eu a escutava, frequentemente pensava nessas novelas mexicanas, em que os atores exageram ou atrofiam seu papel, de forma a fracassar em termos de verossimilhança. O resultado era a criação de um simulacro de realidade. Era isso o que se passava entre nós durante as sessões, cada um uma caricatura de si mesmo. Ela chegava, se deitava e associava, mas aquilo não era uma análise. Era um simulacro de análise, uma análise em *falso self* – para quem prefere o jargão. Em seguida, o lento e doloroso manejo e interpretação da situação transferencial levaram à interrupção das sessões. E um dia, quando não estava mais tão frustrado com tudo aquilo, a paciente me envia um novo WhatsApp. Chegou, sentou, falou que seu sintoma havia retornado, ela queria retomar o trabalho, e eu não me lembrei de nenhuma novela mexicana. Ela disse que poderia me pagar o mesmo, mas queria vir uma vez por semana e agora não queria mais se deitar. Aceitei e sua análise continua até o momento, numa frequência variável. Ainda há novela, mas agora é das boas, daquelas que nos envolvem e nos fazem não querer perder o capítulo.

Eu entendo esse caso como muito relevante para se poder pensar sobre a técnica-padrão, uma espécie de herdeira do conhecimento psicanalítico acumulado até aqui. O divã, a alta frequência e a intenção de neutralidade facilitam o processo psicanalítico? Minha análise pessoal e minha clínica me levam a responder que sim, e que isso ocorre em muitos momentos e em muitos casos. Mas tais elementos padronizados não garantem que o processo analítico ocorra em todas a situações que se apresentam. No caso citado,

168 ESPORTE SEM ATIVIDADE FÍSICA É ESPORTE?

não apenas os elementos tradicionais se mostraram acessórios, mas penso que eles estavam *obstruindo a análise*. Em outras palavras, quando ela retorna, penso que trabalhar com essa paciente dentro da técnica-padrão não seria apenas difícil, seria impossível. Se eu recusasse sua proposta de diminuir a frequência e de fazer sessões sentada, provavelmente nada aconteceria.

Assim como nos *e-sports*, a questão se repete: se tomarmos a psicanálise em nossas mãos e passarmos a despi-la pouco a pouco, até quando aquilo que resta ainda poderá ser caracterizado como nosso campo de conhecimento teórico-clínico? Em nossa própria instituição esta questão já foi relançada, em especial por Fabio Herrmann. Encontramos essa discussão em seu artigo "Clínica extensa" (2003). Ele nos explica que não devemos entender a ideia de extensão apenas no plano geográfico, ou seja, levar a psicanálise para se encontrar com novas modalidades clínicas ou com outras áreas do conhecimento humano. Em primeiro lugar e sobretudo, clínica extensa é a medida em que o método analítico ultrapassa a sua técnica, incluindo a técnica-padrão. Ele nos conta, por exemplo, como precisou inventar uma técnica sob medida para poder atender uma paciente que odiava o método psicanalítico – ele a atendia escondida:

> *Lembro-me, por exemplo, de uma paciente que me fez ver o quanto necessitava de um analista, ao mesmo tempo que odiava a ideia de* estar em análise. *Foi um trabalho produtivo, muito longo, aliás, em que foi preciso recriar o instrumento concreto, sem fugir ao método. Ao cabo de muitos anos de tratamento, perdi a cabeça certo dia e exigi meus direitos constitucionais:* você sabe muito bem que o que estamos fazendo é análise! Claro que sei, Fabio, mas se ficar falando, es-

traga; estou fazendo análise escondida. *Atônito, perguntei: escondida de quem? Ela abriu um sorriso cândido e angelical:* ora, escondida de mim. *(p. 25)*

Assim, uma vez que houve Fabio Herrmann e seu esforço incessante em explicitar nosso método de romper os campos, estamos à vontade para debater a experimentação técnica que praticamos no dia a dia? Como exemplo, tomemos os atendimentos de baixa frequência. Por que ele está tão presente em nossa clínica, em nossas conversas de corredor ou em frente à mesa de bolachinhas, ao passo que dificilmente se trata desse tema em artigos ou eventos públicos? Quando será possível debater abertamente sobre as semelhanças e as diferenças das psicanálises de alta frequência e de baixa frequência?

Versos brancos e livres

A poesia já esteve nesse mesmo lugar, tentando responder a si mesma sobre aquela mesma pergunta: havendo variação formal, até onde ainda reconheço algo como poesia? Saturado do tradicionalismo parnasiano, Manuel Bandeira responde a essa questão em versos livres, ao ler sua "Poética" na Semana de Arte Moderna de 1922:

> *Estou farto do lirismo comedido*
>
> *Do lirismo bem comportado*
>
> *Do lirismo funcionário público com livro de ponto expediente*
>
> *protocolo e manifestações de apreço ao Sr. diretor.*

170 ESPORTE SEM ATIVIDADE FÍSICA É ESPORTE?

Estou farto do lirismo que pára e vai averiguar no dicionário

o cunho vernáculo de um vocábulo.

Abaixo os puristas . . .

Quero antes o lirismo dos loucos

O lirismo dos bêbedos

O lirismo difícil e pungente dos bêbedos

O lirismo dos clowns de Shakespeare

– Não quero mais saber do lirismo que não é libertação.

E cada um fica livre para trocar o termo "lirismo" pelo que preferir.

Deve-se experimentar a psicanálise nas universidades?

Lançando o olhar para trás, considero que minha formação teve início com a leitura de *A interpretação dos sonhos* (Freud, 1899/2016). Eu estava em um ano de transição, entre o final da faculdade de medicina e o início da residência em psiquiatria. O contato com a obra freudiana produziu ou revelou a minha demanda por análise, e tomo o início desta como o segundo passo nesta trajetória. Em seguida, uma experiência decisiva: o início dos atendimentos clínicos sob supervisão de orientação psicanalítica, no contexto da formação psiquiátrica. Entrei no último ano de residência já tomado pela psicanálise, *precisava fazer isto*, e foi nesse ano em que me inscrevi no processo seletivo de nosso instituto. Após o final da residência, fui convidado a fazer parte do grupo de psicanalistas que trabalha dentro do Hospital das Clínicas, coordenado pelo meu primeiro supervisor, e hoje considero esse trabalho fundamental na continuidade de minha formação.

Faço este breve memorial para poder localizar e me deter no trabalho que nosso grupo vem realizando junto aos alunos da Faculdade de Medicina da USP, e junto aos residentes em formação para se tornarem psiquiatras. Freud, em seu "Deve-se ensinar a psicanálise nas universidades?" (1919/2010), defende o ponto de vista de que nosso campo é independente da universidade, mas que o estudante de medicina, o médico que se prepara para ser psiquiatra e o estudante de diversos outros cursos poderiam se beneficiar do conhecimento sobre o inconsciente. Cem anos mais tarde, de fato a psicanálise está presente na universidade.

Na faculdade em questão, os estudantes de medicina têm acesso ao ensino da psicanálise com analistas de nosso grupo de três maneiras. Nos primeiros anos, eles podem escolher uma matéria optativa chamada Introdução ao pensamento psicanalítico. Depois, durante a graduação eles podem participar de uma atividade de extensão acadêmica chamada Liga de psicanálise. E no quinto ano, durante o estágio de psiquiatria dentro do internato, eles têm alguns encontros sobre o tema psicoterapia, nos quais o vértice psicanalítico também é brevemente exposto. De acordo com nossa experiência, muitas vezes essas atividades representam o primeiro contato de um estudante universitário com a psicanálise. O trabalho não é simples, pois tentamos evitar a todo custo um ensino intelectualizado, e isso desperta inúmeras resistências. Mesmo assim (ou justamente por isso), percebemos que tais atividades favorecem o surgimento de um outro olhar sobre a relação médico-paciente e também sobre o ser humano de maneira mais ampla. Além disso, muitas vezes os cursos terminam com pedidos de indicação de análise, e observamos que alguns médicos acabam por buscar

172 ESPORTE SEM ATIVIDADE FÍSICA É ESPORTE?

algum tipo de formação psicoterápica, incluindo a psicanalítica. Depois da formatura, reencontraremos aqueles que optarem pela formação psiquiátrica.

Até aqui, estamos falando de ensino, de contato professor-aluno, mas não tanto sobre a clínica analítica. Dessa forma, para falar sobre o estágio dos residentes em psiquiatria, acho oportuno colocar outra pergunta ao lado daquela de Freud. Em relação a essa atividade, nosso grupo de trabalho vem se perguntando: *devemos experimentar a psicanálise nas universidades?*

Os médicos aprovados na residência de psiquiatria do Hospital das Clínicas têm um estágio obrigatório de três anos no Serviço de Psicoterapia. Esse estágio acontece nas terças-feiras pela manhã e compreende duas partes: supervisão em grupo de casos atendidos durante a semana; e seminários teóricos que introduzem o pensamento psicanalítico e também o de outras abordagens psicoterápicas.

A segunda parte, os seminários, se assemelham às atividades que já foram descritas há pouco com os alunos da faculdade. No entanto, a discussão ganha corpo uma vez que cada residente já passa por uma carga de atendimentos muito maior do que aquela do estudante de medicina. Eles parecem ter mais a dizer a partir das questões que surgem nesse início de sua vida clínica. Além disso, toda a formação médica se dá mais apoiada no sistema de aulas do que no de seminários. Então, há um desconforto a mais, uma vez que não nos colocamos no lugar de professores, mas sim de coordenadores de seminários que visam à apropriação do conhecimento psicanalítico de uma outra forma. Eles chegam esperando por aulas objetivas, mas nós propomos uma outra abordagem, o que muitas vezes pode produzir mal-estar e defesas que são bem conhecidas de nosso grupo. Uma vez que os residentes começam a se expor à clínica, ao campo transferencial e suas dificuldades,

PEDRO COLLI BADINO DE SOUZA LEITE 173

uma das reações comuns é a tentativa de construir uma armadura de conhecimentos objetivos que possa lhes proteger contra o desconhecido dos atendimentos. Nos seminários, um de nossos maiores desafios é justamente deslocar o lugar da teoria no fazer psicoterápico e psicanalítico. Usá-la como inspiração e não como fórmula aplicável.

Mas acredito que a grande questão com os médicos residentes esteja na primeira parte, ou seja, no começo da construção de um olhar psicanalítico por meio da clínica. Em minha opinião, esta prática é uma grande área de pesquisa que nos propõe diversas questões éticas, técnicas e teóricas. Por que existe um estágio no qual médicos que desejam ser psiquiatras recebem supervisão orientada psicanaliticamente? Quais são seus objetivos? Quanto cada residente *escolhe* experimentar a clínica/supervisão e quanto o faz por obrigação curricular? Quais as implicações éticas de supervisionar atendimentos quando o médico nunca passou por nenhum tipo de análise pessoal? A atividade de supervisão pode favorecer o olhar psicanalítico? A mesma atividade pode obstruí-lo? Nosso grupo vem se reunindo semanalmente para ventilar essas questões. Acho que alguns exemplos podem dar uma dimensão do que temos vivido junto aos residentes e seus pacientes.

- Um residente que nunca passou por análise pessoal começa a frequentar um dos grupos de supervisão que tem como coordenadora uma psicanalista. Ele pede para não atender logo de cara, pois, como não conhece nada dessa área, gostaria de assistir a supervisões de outros casos antes de iniciar sua prática. A analista gentilmente concorda. Geralmente calado, ele passa a ficar progressivamente interessado nas discussões, vai se tornando mais ativo e participativo, até o momento em que pede para começar a atender. O atendimento se inicia, e não demora muito

174 ESPORTE SEM ATIVIDADE FÍSICA É ESPORTE?

até que a supervisora note sua tendência a sentir pena de sua paciente e a usar do lugar transferencial para sugestioná-la sobre a melhora de certos sintomas. Quando ela fica menos angustiada, ele parece tolerá-la melhor. Com muita delicadeza, a supervisora vai apontando para tal dinâmica, o que leva o médico a se tornar cada vez mais angustiado e introspectivo. Em algumas semanas ele falta a encontros sucessivos – algo que nunca havia ocorrido. Em seguida, pede para falar com sua supervisora em particular. Ele pede uma indicação de analista, pois acredita que suas dificuldades clínicas estão relacionadas a certos sintomas e tendências de sua personalidade. Na semana seguinte ele falta mais uma vez e escreve para sua supervisora para se justificar. Faltou pois havia agendado uma sessão com sua nova analista no mesmo horário do grupo de supervisão. Após o início da análise, a supervisora percebe um nítido e progressivo desabrochar de certas capacidades analíticas.

• Um residente chega até a primeira reunião daquele que será o seu grupo de supervisão e, de início, já avisa ao seu coordenador: "eu odeio psicanálise; por favor, não me obrigue a atender um paciente, pois acho que vou prejudicá-lo". O coordenador aceita seu ódio e seu pedido, decide não o obrigar a atender. Em seguida, questiona sobre o motivo desse ódio, mas o residente não se sente à vontade para falar em meio ao grupo. Depois da reunião, em conversa privada, ambos entram num acordo: o rapaz frequentará o grupo de supervisão e, se possível, explicitará suas discordâncias durante as discussões dos casos. Ao longo do ano isso acontece, e os dois conseguem manter um bom convívio apesar das diferenças. O rapaz desenvolve alguma ambivalência pelo seu supervisor. Ele o critica em muitos pontos de seus comentários, mas sempre com respeito. O residente faz seu supervisor de fato rever alguns preconceitos e distorções que este não percebia antes. O residente em suas férias viaja a Londres, entra no museu de Freud e compra presentes para seu supervisor. Ao final do ano, este pede que aquele escreva um trabalho criticando todos os pontos em razão dos quais discorda da psicanálise, o que faz surgir um trabalho teórico interessante e proveitoso para discussão. Ao final do ano, abre-se uma possibilidade, e o residente decide fazer supervisão apenas nos grupos de análise do comportamento, quando se despede de seu grupo.

- Uma residente chega em seu grupo de supervisão. Ela nunca havia feito análise e pede indicações já nos primeiros dias da residência. Sem muitas reservas ou constrangimentos, quer começar logo a atender, está ansiosa por isso desde que se decidiu por fazer psiquiatria. Os atendimentos começam, e, com eles, a maré transferencial. Sua supervisora lhe aponta os momentos em que ela está se defendendo, ou então atuando algum aspecto de sua mente. Ela parece muito permeável a tais comentários e se apropria deles rapidamente. Ela alça o lugar analítico em diversos momentos e consegue instalar a situação analítica. Seu paciente sonha com ela, lhe traz presentes, lhe escreve cartas, está transferindo. Ela, por sua vez, não toma medidas suficientes para obstruir o processo. Curiosamente, ela vai às supervisões sem saber disso, pois não conhece bem ao certo o que está se passando. Ela e seu paciente trabalham analiticamente, mas a única pessoa que parece saber disso é sua supervisora. O conjunto da situação lembra um tanto as cartas de Freud a Fliess (Freud, 1986).

176 ESPORTE SEM ATIVIDADE FÍSICA É ESPORTE?

Se os alunos e futuros psiquiatras podem se beneficiar dessas atividades, a psicanálise, em contrapartida, ganha uma oportunidade preciosa. Porque, em sua maioria, essas pessoas não têm acesso direto ao acúmulo de conhecimento psicanalítico que nós temos – eles não conhecem a técnica-padrão. Nós, psicanalistas, em contrapartida, nunca mais leremos a *A interpretação dos sonhos* pela primeira vez. Justamente por isso, esses alunos e residentes nos auxiliam a revisitar a diferença entre método e técnica todos os dias. E, quando não atrapalhamos, eles costumam fazê-lo com uma espontaneidade que tendemos a perder pelo conforto do hábito.

Referências

Bandeira, M. (2015). Poética. In *Antologia poética*. (pp. 105-106). São Paulo: Global.

Freud, S. (1986). *A correspondência completa de Sigmund Freud para Wilhelm Fliess 1887/1904* (V. Ribeiro, Trad.). Rio de Janeiro: Imago.

Freud, S. (2010). Deve-se ensinar a psicanálise nas universidades? In S. Freud, *Obras completas* (P. C. L. Souza, Trad., Vol. 14, pp. 377-381). São Paulo: Companhia das Letras. (Trabalho original publicado em 1919).

Freud, S. (2016). *A interpretação dos sonhos*. Porto Alegre: L&PM. (Trabalho original publicado em 1899).

Herrmann, F. (2003). Clínica extensa. In *A Psicanálise e a Clínica Extensa. III Encontro Psicanalítico da Teoria dos Campos por Escrito* (pp. 17-31). São Paulo: Casa do Psicólogo.

Escuta do paciente, compreensão e autorreflexão

Este capítulo foi escrito com os colegas Bruno Forato Branquinho e Ludmila Y. Mafra Frateschi e publicado previamente no livro *Clínica psiquiátrica: guia prático*.[1] Ao longo de alguns anos, nós três cuidamos da introdução dos alunos da Faculdade de Medicina da Universidade de São Paulo (USP) a conceitos fundamentais sobre psicoterapia e psicanálise, durante o estágio de internato destes em psiquiatria. O trabalho é uma espécie de testemunho a respeito desse desafio e pretende ajudar outros colegas e alunos a realizar a mesma tarefa.

Introdução

O internato é uma excelente oportunidade para que os estudantes de medicina se ponham a pensar não apenas sobre os limites orgânicos do corpo, mas também sobre as questões concernentes à

---

1 Leite, P. C. B. S., Branquinho, B. F., & Frateschi, L. Y. M. (2019). Escuta do paciente, compreensão e autorreflexão. In E. de C. Humes, F. Cardoso, F. G. Fernandes et al. (Eds.), *Clínica psiquiátrica: guia prático* (pp. 95-102). Barueri: Manole.

178   ESCUTA DO PACIENTE, COMPREENSÃO E AUTORREFLEXÃO

subjetividade e às relações humanas. Nem sempre é uma experiência fácil, porque necessariamente os confronta com a própria subjetividade, as dúvidas e questões acerca de si mesmos e de suas próprias relações, e os faz pensar em dimensões do contato com os pacientes que muitas vezes ficam em segundo plano. O presente capítulo tem como objetivo discutir como tais dimensões podem ajudá-los na prática clínica como médicos, quaisquer que sejam as especialidades escolhidas. Para tanto, traz vinhetas vividas ou apresentadas pelos alunos em sala de aula, durante o curso de psicoterapia.

Escutar e auscultar

Uma panela de internos do quinto ano acompanha um atendimento dermatológico. Um paciente entra pela porta e, antes que possa esboçar qualquer ação, o médico responsável lhe pede que tire a roupa para ser examinado. O paciente tenta dizer algo:

"Eu tô com uma ferida na perna que..."

"Senhor, por favor, tire a sua roupa e mostre."

"Sim, eu vou mostrar, mas é que..."

"Senhor, tire a sua roupa e mostre."

Surpreso e envergonhado, o paciente afrouxa o cinto e abaixa as calças. O médico inclina-se sobre a lesão por cerca de cinco segundos, faz duas perguntas cirúrgicas ao paciente e depois lhe transmite o diagnóstico. Em seguida, os internos são chamados para observar e aprender sobre a estética de determinada patologia da pele. O prontuário é preenchido com uma enxurrada de informações, uma prescrição e um encaminhamento para que o paciente possa seguir o tratamento em algum posto de saúde na periferia da cidade.

Diante da situação, alguns internos percebem um mal-estar na superfície de sua consciência. Um deles, movido por tal sentimento, aproxima-se do paciente e lhe empresta sua escuta. Mesmo com pouco tempo, o paciente começa a contar a história de sua ferida e as teorias que criou para explicar seu surgimento. Aquele interno sabe que as teorias do paciente não fazem sentido do ponto de vista fisiopatológico, mas, mesmo assim, não as contraria, ele permite que o paciente se expresse livremente. O médico encarregado interrompe a dupla e entrega para o paciente a prescrição e o encaminhamento, enquanto lhe faz suas orientações finais. Um segundo paciente já está dentro da sala, e o ciclo de atendimento se reinicia, "Senhora, tire a sua roupa e mostre". Antes de sair, o primeiro paciente faz algumas perguntas ao seu interlocutor, que as responde com a ajuda do médico. O paciente agradece e se despede.

Essa vinheta ilustra como a *anamnese* pode não coincidir com a *escuta* do paciente, fato que é observado frequentemente no mundo contemporâneo. Apesar da anamnese completa, a escuta aqui se dá de forma tímida, a partir do mal-estar de um interno.

A anamese é a busca ativa de sinais e sintomas, os quais irão embasar um raciocínio que parte da clínica e aponta para doenças no organismo. É o componente mais técnico do ofício médico, a ferramenta que começa a ser construída nas aulas de propedêutica e que será refinada no internato, na residência, nos estudos teóricos, na prática diária e nas discussões entre colegas. Ela pode passar pela fala do paciente, na medida em que se pergunta a ele: "Quando isso começou? Sua tosse tinha catarro? Como é a sua dor de barriga? Você teve febre naquele período?" etc. Ou pode prescindir da fala do paciente, como nos mostra o exemplo anterior, quando se apoia essencialmente sobre o exame físico dermatológico e o reconhecimento de padrões visuais que indicam a presença de alguma patologia. Seja como for, a anamnese deve ser objetiva, recolhendo informações precisas para que se faça um diagnóstico correto.

A escuta, por outro lado, começa por *deixar o paciente dizer o que ele tem a dizer*, mesmo que sua fala tenda a se distanciar das respostas que levam ao diagnóstico. Esse desencontro entre escuta e anamnese fica explícito no momento que o interno do caso relatado percebe que as teorias do paciente não têm um sentido orgânico. Deixar que ainda assim o paciente fale até o fim sem interrompê-lo dá à escuta a sua função fundamental: de acolhimento. O objetivo da anamnese não é deixado de lado, apenas soma-se um outro a ele: de que o paciente possa sentir-se cuidado e, a partir disso, desenvolva com o médico uma relação de confiança.

Procura-se um médico quando se está sofrendo, e sofrendo de algo que não se sabe bem o que é. De forma mais ou menos aparente, é uma posição de desamparo, de medo frente ao desconhecido da doença, da vida e da morte. Cada pessoa reage a esse sentimento de uma forma: mergulhando em angústia, escondendo-se no descaso, protegendo-se na arrogância, deleitando-se no martírio etc. É por detrás dessas reações de superfície que se encontra o ser humano em sua condição de fragilidade existencial. O paciente em desamparo busca alguém que possa *segurar* essa sua angústia, um outro ser humano que seja capaz de tolerar a existência de tais sentimentos, sem exercer pressão para que eles desapareçam. Justamente a escuta faz este papel de segurar, de atravessar junto, mesmo que não haja contato físico. O paciente encontra na escuta um local onde pode se hospedar, onde pode depositar seus medos e anseios, assim como um líquido pode ser despejado dentro de um recipiente que o contenha.

A anamnese e o diagnóstico não dão conta de tudo. Patologias em estágios iniciais, doenças raras e formas raras de doenças comuns escapam aos médicos mais perspicazes todos os dias. Além disso, existem os casos que esbarram na insuficiência dos melhores tratamentos já inventados, ou então na própria data de validade do organismo humano. Aqui o horizonte da morte se anuncia, e a escuta se transforma no próprio ato médico. Na divisa da medicina, atribuída a Hipócrates: "Curar algumas vezes, aliviar quase sempre, consolar sempre".

A escuta, por sua vez, é uma habilidade que pode ser treinada e desenvolvida, e é, antes de tudo, uma postura subjetiva de se emprestar, de conter, de hospedar um outro e tolerar a presença de suas mazelas. É fundamental observar que, culturalmente, é a escuta que funda o lugar do médico, muito mais do que a anamnese. No caso descrito, o paciente considera que seu médico é o interno do quinto ano, aquele menos treinado, mas o único que o escutou. Por outro lado, a anamnese sem escuta é um mero exercício intelectual, nunca uma prática de cuidados entre seres humanos. Em geral, os pacientes parecem muito mais inclinados a perdoar os médicos que se enganam a respeito da anamnese do que aqueles que não se emprestam à escuta.

Deixe-o falar

Um estudante comenta com os colegas sobre um caso atendido no dia anterior:

"Estava de plantão no pronto-socorro ontem e recebi uma ficha da triagem, com a queixa: 'diarreia'. Chamei o paciente, que entrou no consultório e, antes que eu pudesse lhe perguntar qualquer coisa, começou a me falar sobre vários problemas pelos quais estava passando: sua mãe estava acamada e precisava de seus cuidados; sua esposa estava trabalhando muito e não tinha tempo para ele; seus filhos estavam tendo problemas no colégio e ele não sabia mais o que fazer; tinha dúvidas se queria continuar em seu emprego. Falou por mais de quinze minutos sobre isso e não falou uma palavra sobre a diarreia."

"Nossa, isso já aconteceu comigo também. Mas e aí, o que você fez?"

"Deixei ele falar, porque percebi que estava muito angustiado. Depois que ele terminou, perguntei sobre a diarreia e ele me explicou rapidamente sobre ela. Fui discutir com o médico-residente, que não viu necessidade de aprofundar a investigação ou medicar o paciente e pediu que eu apenas desse orientações a ele antes de liberá-lo. Voltei ao consultório, passei as orientações gerais ao paciente, que me agradeceu muito e disse 'já me sinto bem melhor.'"

A partir dessa vinheta, novamente pode-se discutir a diferença entre a anamnese e a *escuta* do paciente. Apesar de a ficha de triagem informar ao estudante que o sintoma do paciente era uma "diarreia", no momento do encontro ele deixa o paciente falar livremente, por notar que este estava angustiado. Numa anamnese, foca-se em perguntas como "quantos episódios diarreicos você apresentou?", ou "você teve febre no período?", enquanto a *escuta* permite que o paciente se torne mais que um objeto de investigação médica e possa, com suas palavras e a seu tempo, mostrar-se como sujeito, dizendo de si o que queira ou ache necessário.

Uma pergunta surge a partir do relato: por que esse paciente foi ao pronto-socorro (PS)? Uma das principais portas de entrada de um hospital, pensado como local onde se recebem pacientes com enfermidades agudas e urgentes, o PS recebe às vezes pacientes cuja demanda orgânica não é tão urgente assim. Na vinheta apresentada, o paciente procura o PS com uma queixa simples, "diarreia". Após avaliação do estudante e discussão do caso com o médico-residente, não são realizados exames e o paciente não é medicado, recebendo apenas orientações antes de ser liberado, o que evidencia a não gravidade do ponto de vista orgânico. Qual seria então a urgência?

Neste caso, a urgência é de ordem subjetiva. O estudante de medicina percebe que o paciente está angustiado e, de forma sensível, não o interrompe quando este se põe a falar sobre os diversos problemas de sua vida, os quais, a princípio, em nada se relacionavam à sua queixa física. O paciente pôde então explicitar seu sofrimento, e torna-se possível a discriminação entre uma urgência médica e uma urgência subjetiva. A urgência subjetiva fica marcada quando o paciente, de uma certa forma, despeja sobre o médico todas essas queixas, um verdadeiro *episódio diarreico de palavras*, e isso lhe traz alívio, o que é demonstrado pela sua fala ao final da consulta: "já me sinto bem melhor". O fato de o paciente falar sobre seus problemas com a escuta do estudante se mostra terapêutico, diminuindo o incômodo que o levou ao PS.

Mesmo após essas considerações, a pergunta insiste: por que esse paciente foi ao PS? Se do que ele precisava era de alguém que o escutasse, poderia ter falado com algum familiar, amigo ou

184 ESCUTA DO PACIENTE, COMPREENSÃO E AUTORREFLEXÃO

conhecido, sem precisar enfrentar filas e deslocamentos para ir até o hospital. O que o levou a fazer isso?

As angústias e o sofrimento do paciente transcendem o biológico, mas podem às vezes, por falta de alternativa, ser apresentados no corpo, como um sintoma físico ou um adoecimento, e dessa forma acabam sendo endereçados ao médico. O hospital é um local culturalmente legitimado como espaço de cuidado, tratamento e cura, assim como de formação profissional e de transmissão de conhecimento (no caso dos hospitais universitários), onde o saber tem uma posição privilegiada. Quando um paciente procura atendimento, ele supõe que o médico possui saber suficiente para livrá-lo do sofrimento que o acomete. Nesse sentido, por mais que o paciente diga o mesmo que diria a um familiar/amigo/conhecido, esse dizer tem um efeito diferente sobre ele quando é dito ao médico. O efeito terapêutico se dá não só pelo falar, mas também pelo endereçamento que ele faz dessa fala ao profissional de saúde, colocado na posição de alguém que tem a capacidade de amenizar seu sofrimento.

Outro universo

Segunda-feira de manhã. Uma panela de internos, no estágio de psiquiatria, encontra-se na aula de psicoterapia. Depois de alguma apresentação entre os alunos e a equipe docente, a aula se transforma na entrevista de uma paciente encaminhada para triagem naquele serviço.

A paciente é uma mulher jovem, negra, de baixa classe social, pouco escolarizada e bastante religiosa. Ela concorda em ser entrevistada por aquele grupo e se mostra aflita desde sua entrada na sala. Pede-se que ela fale como chegou até ali, o que deseja da psicoterapia. Quando toma a palavra, sua aflição se torna mais intensa, ela luta contra a vergonha. Começa de modo confuso, mas isso vai mudando na medida em que usa a maior parte do tempo para falar de seu filho único:

"A gente já estava mal há um tempo, nós brigamos muito. Quando ficamos internados aqui foi muito difícil. Ele estava em crise e tentou tirar a própria vida, daí viemos para cá. Agora não sabemos mais o que fazer, como seguir em frente com isso tudo. Não consigo entender por que ele sofre tanto, por que fica brigando comigo o tempo todo. Sabe, ele é gay... Eu não consigo aceitar isso, acho difícil até de falar aqui para vocês. Somos evangélicos, para mim isso não está nada bem."

Ao final da entrevista, a panela reage imediatamente. Um dos alunos fala e, pela concordância ou silêncio dos demais, aparenta representar a opinião média da turma:

"Não senti nenhuma empatia por essa mulher. Que espécie de mãe age assim? Ela tem que aceitar seu filho!"

A irritação se dá porque a intolerância da paciente os atinge em suas posições ideológicas, políticas e de prática sexual. O preconceito da mãe os machuca, e eles reagem em conformidade com esse ataque, talvez repetindo a dinâmica que se passa entre mãe e filho. Uma psicanalista que acompanha a atividade percebe as dificuldades em jogo e se põe a trabalhar.

186   ESCUTA DO PACIENTE, COMPREENSÃO E AUTORREFLEXÃO

Em primeiro lugar, ela confere legitimidade para a intolerância dos alunos com a intolerância da paciente, o que vai afrouxando o ciclo vicioso. Em seguida, uma história lhe ocorre, e ela a conta para os demais. Trata-se de um casal que planejou meticulosamente uma viagem com seu filho, imaginando que ele iria adorar o passeio. Quando chegaram ao destino, qual não foi a surpresa de ambos ao constatarem que a criança estava odiando o programa. Os pais sofreram, pois estavam decepcionados com seu próprio filho diante daquela situação.

Durante a narrativa dessa história, há uma transformação em curso na atmosfera da sala. De alguma forma, a história da psicanalista dilata a empatia e a aceitação dos alunos para com a paciente. O grupo se torna menos ansioso, menos irritado, e um pouco mais triste. Uma das alunas se autoriza a dizer que a paciente a fez lembrar de sua própria mãe. Esta a critica por ser uma mulher que quer ser médica e que deseja namorar antes de se casar, escolhas que contrariam preceitos da religião da família. O grupo agora viaja por meio da experiência em curso, o vínculo de intimidade se aprofunda de forma sensível e todos parecem emocionados com o que estão vivendo ali, naquele instante. A discussão termina com perguntas que indicam a preocupação dos alunos de que a paciente seja atendida em psicoterapia o quanto antes.

Em contraste com a formação médica, o trabalho na psicoterapia privilegia a prática e o afinamento da escuta. O grupo recebe uma paciente e permite que ela fale livremente. É a partir dessa perspectiva clínica que dois abismos se revelam sucessivamente: o primeiro entre a paciente e seu filho, e o segundo entre o grupo e a paciente. Diante dessas distâncias, pode-se perguntar com certa candura: por que tanta intolerância? E a empatia? Faltaram compaixão e boa vontade para que a mãe se pusesse no lugar de seu filho, ou para que o grupo se pusesse no lugar dessa mãe? Nos dois casos, por que existe tal dificuldade em se solidarizar com pessoas que estão sofrendo tanto? Menos ingênua é a poesia de Fernando Pessoa (1934):

> *Como é por dentro outra pessoa*
>
> *Quem é que o saberá sonhar?*
>
> *A alma de outrem é outro universo*
>
> *Com que não há comunicação possível*
>
> *Com que não há verdadeiro entendimento*

Os versos contêm uma espécie de ética para a atividade da escuta. Duas ou mais pessoas podem compartilhar experiências e pontos de identificação? Seguramente. A formação de grupos humanos – como uma panela de internos, por exemplo – confirma esses fatos. No entanto, apesar das possibilidades de aproximação, o poema sublinha a separação, a singularidade de cada indivíduo e os anos-luz que afastam dois universos.

Seguindo a ideia do poema, a empatia se vê em crise: uma habilidade irremediavelmente limitada. Há recursos para reduzir as distâncias: supervisões, processos de desenvolvimento e terapias pessoais, estratégias de humanização dos atendimentos em saúde. Mesmo assim, nunca haverá um "verdadeiro entendimento" entre duas pessoas. O ser humano mais empático do planeta conseguirá

188 ESCUTA DO PACIENTE, COMPREENSÃO E AUTORREFLEXÃO

apenas vislumbrar a "alma de outrem". Com frequência ele perceberá diversos pontos de intolerância em sua própria escuta.

Então o que fazer? Abandonar a pretensão de escutar um outro sujeito em sua alteridade? Ou aceitá-lo apenas nos aspectos com os quais é possível se identificar (o que no fundo seria apenas uma aceitação de si mesmo)? Muitas vezes na vida entramos em contato apenas com aquilo pelo que já nos interessamos. Nas redes sociais, por exemplo, os algoritmos favorecem que vejamos as coisas das quais gostamos ou das quais nossos amigos gostam, restringindo a exposição ao novo e ao diferente. Assim exacerba-se a convicção de que o mundo é ou deveria ser uma extensão dos próprios gostos e opiniões. Nesse labirinto de espelhos, nessa "suposição de semelhança", a experiência de alteridade é enfraquecida.

Entre a desistência da escuta e esse afogamento narcísico, a psicanalista encontra um terceiro caminho possível. A primeira metade de sua ação esclarece a diferença entre *compreender* e *aceitar*. Durante a entrevista, assim como os alunos, ela também se sentiu atingida com a posição dogmática da paciente em relação a seu filho. Devido a esse ponto de identificação, por ver parte de si mesma nos internos, ela pôde *compreender e aceitar* a reação dos alunos. Mas, para além desse espelhamento, ela já havia feito bem mais do que isso. A psicanalista também evitou suas inclinações em debater com a paciente ou em censurá-la pelo seu preconceito, provavelmente devido à sua experiência clínica de que tais preconcepções raramente estão apoiadas sobre a racionalidade. Até aqui, eis a sequência de suas ações: propor-se a escutar a paciente; receber e amortecer o ataque preconceituoso; conter sua irritação e sua vontade de revidar; suspender temporariamente seu julgamento crítico e moral sobre o que estava sendo falado. Assim, a psicanalista pôde *aceitar a paciente mesmo sem compreendê-la*, atitude que favorece a formação de vínculos. Mas como e por que aceitar um outro universo "com que não há comunicação possível", ainda mais quando ele agride seus interlocutores?

Aceita-se trabalhar dessa forma com o intuito de receber um ser humano que está sofrendo, e que pede ajuda em um lugar específico: o ambiente clínico. Se o encontro com esta mãe não fosse dentro de tais condições, se ele ocorresse em um espaço público ou privado, talvez a atitude da profissional também tivesse sido diferente. É importante o combate aos preconceitos? A nomeação das pequenas e grandes agressões no dia a dia? A luta pelos direitos humanos? Sem dúvida: são estas atitudes que fazem avançar a civilização e recuar a barbárie. Mas, naquele momento e naquele ambiente, a prioridade da psicanalista era lutar pelos direitos humanos de apenas uma pessoa. Sua prioridade era a de construir um vínculo de confiança com alguém que pede ajuda, que está vivenciando uma miséria psíquica, e que provavelmente já esgotou todas as suas outras possibilidades. Não é raro que pacientes procurem atendimento médico ou psicoterápico como um último recurso, uma última esperança.

Ela consegue perseguir tal objetivo por meio de uma postura radical de respeito, sustentada por características de sua própria personalidade, que também foi sendo transformada e ampliada pelo processo de análise pessoal, de supervisão regular de casos clínicos e de estudos teóricos sobre o tema. Mas tal habilidade conquistada não é infinita, e podem existir outros momentos ou outros pacientes que a ultrapassem. Nessas situações, a escuta se torna perturbada. Mesmo se tratando de um ambiente clínico, há imposição ideológica "goela abaixo" e censuras morais sobre opiniões e comportamentos. Ou então o profissional ouve tudo o que é falado, mas internamente encontra-se blindado ao que está sendo dito.

Depois, a analista se deixou tomar por uma história específica que lhe ocorreu enquanto escutava aquela mãe aflita. A profissional

190 ESCUTA DO PACIENTE, COMPREENSÃO E AUTORREFLEXÃO

supôs que aquela lembrança não se dera por acaso, fora trazida à tona em sintonia com a forma e o conteúdo do que estava sendo falado pela paciente. Mais ou menos como um som ao ressoar em diferentes instrumentos musicais. Resolveu contá-la aos alunos e, assim, a história do filho que odeia a viagem trouxe um novo elemento. De alguma forma, ela teve a potência de transportar o grupo para perto da experiência de *decepção* de forma mais abrangente. Depois que a história foi narrada, o grupo experimentou um alargamento em sua capacidade de empatia, compreensão e aceitação. Prova disso é o aprofundamento da intimidade entre os presentes e o testemunho de uma das alunas, que, a partir da experiência emocional da decepção, conseguiu falar sobre seu conflito com sua mãe e com a tradição de sua família. No final da atividade, o grupo demonstrou ainda concernimento pelo sofrimento daquela mulher e a preocupação de que ela pudesse iniciar sua psicoterapia em breve.

Se por um lado o poema de Fernando Pessoa nos fala sobre as distâncias insuperáveis, o instrumento da *metáfora* parece produzir uma aproximação entre os seres humanos. Seu uso pode gerar uma pequena aproximação, que é grande o suficiente para transformar por completo a escuta na clínica. Assim, não há surpresa na constatação de que o significado da palavra "metáfora" é *transporte para um outro lugar*. Depois dos seus efeitos, o universo da paciente continua estranho, mas agora passa a ser um estranho familiar, pois a psicanalista e os alunos foram transportados para perto dele. Este é o paradoxo da clínica: somos radicalmente diferentes, mas isso não significa que estamos tão longe assim uns dos outros. Nas palavras de Terêncio, poeta e dramaturgo romano: "Sou humano. Nada do que é humano me é estranho".[2]

---

2 Em latim, *Homo sum: humani nihil a me alienum puto.*

Não fuja da dor

Em uma discussão sobre acertos e erros no atendimento de pacientes psiquiátricos, um interno da faculdade de medicina pergunta: "Eu me emocionei e chorei junto com a paciente enquanto ela me contava sua história. É errado?". Os coordenadores do estágio, antes de se posicionarem sobre como ele deveria proceder, lhe devolvem a pergunta: "O que aconteceu? Por que chorou e como chorou?".

O exemplo dado aqui trata de uma explosão de choro, mas poderia tratar de expressões de raiva ou comiseração excessiva pelos pacientes atendidos. É natural que histórias tristes comovam, pacientes agressivos ou intransigentes irritem e que pacientes por demais vitimizados provoquem pena. Ao mesmo tempo, a vinheta pode causar estranhamento – a resposta mais comum ao aluno seria algo como: "Você não deveria chorar. Como médico, deveria controlar seus sentimentos".

Mas o que significa "controlar os sentimentos"? A distinção entre os conceitos de repressão e elaboração pode ser útil. Reprimir significa, como que *por decreto*, decidir não chorar. Quando isso parecer impossível, trancar-se no banheiro e não deixar ninguém saber, como se o ato de se emocionar fosse em si uma fraqueza. O efeito de tal ação pode ser quase nulo – muitas vezes não se controla o que se sente, o sujeito vê-se tomado por uma emoção repentina e incontrolável, cujo sentido ele desconhece. Por outro lado, nas situações em que é possível controlar, a repressão pode ser eficiente, mas com dois grandes riscos: que no controle das emoções o médico se defenda daquilo que o paciente conta, tornando-se excessivamente frio ou técnico; ou que ele tenha tão

192 ESCUTA DO PACIENTE, COMPREENSÃO E AUTORREFLEXÃO

poucos espaços de expressão das emoções que adoeça de estresse, *burnout,* ou coisa que o valha.

Elaborar tem um sentido um pouco diferente. Considera as emoções e a percepção destas como capacidades, e não como fracassos. Não é qualquer um que aguenta sentir dor, percebê-la, entrar em contato com ela. Isso é, sim, uma capacidade. Aprender a escutar os sentimentos, entender que parte deles diz respeito ao paciente e que parte deles diz respeito às questões subjetivas do médico, para então adotar uma posição de maior neutralidade na clínica, parece ser um caminho melhor. Amplia a escuta, em vez de restringi-la, e permite que o médico seja capaz de aproximar-se e distanciar-se do sofrimento do paciente ao longo da consulta, antes de agir ou, como se chama em psicanálise, de atuar. A ação então se torna mais comedida e pensada.

Acontece que tolerar o sofrimento, elaborá-lo e pensá-lo exigem capacidades que precisam ser desenvolvidas. E, ao contrário de outras habilidades médicas, elas não são estudáveis ou memorizáveis. Para desenvolvê-las, submeter-se à psicoterapia é um método privilegiado, mas não é o único e nem sempre é suficiente. Recomenda-se estabelecer espaços de conversa e troca de experiências, além da utilização daquilo que é disponível na cultura como forma de elaboração de tudo o que é humano: as artes, os rituais, as atividades físicas e manuais etc. Criar, na rotina, espaços em que se possa pensar sobre a prática clínica e os sentimentos gerados e também espaços de prazer e autocuidado.

Considerações finais

A escuta é um instrumento de suma importância a qualquer profissional envolvido no cuidado a outro ser humano e, a partir dela, pode-se compreender queixas, especificar sofrimentos e pensar o devido tratamento dado à demanda do paciente. Além disso, o profissional de saúde tem um papel muito privilegiado no direcionamento dessa demanda, e esse papel deve ser levado em conta.

Por meio da escuta, viu-se também que pode haver tanto similaridades em relação ao paciente, gerando identificações, como grandes diferenças, o que pode ser fonte de sentimentos difíceis de intolerância e angústia. É fundamental que o profissional de saúde possa identificar e pensar sobre esses acontecimentos para melhor lidar com seu paciente e para sua própria saúde mental.

Por fim, há de sempre se pensar em meios para afinar a escuta, poder elaborar as angústias e tolerar o sofrimento. Submeter-se à psicoterapia surge como um método privilegiado para esse fim, mas também as supervisões, as redes de trocas de experiência, assim como o contato com a arte, a cultura e o prazer podem auxiliar nessa função.

Referências

Freud, S. (2001). *A interpretação dos sonhos*. Rio de Janeiro: Imago. (Trabalho original publicado em 1900).

Freud, S. (1996a). Delírios e sonhos na Gradiva de Jensen. In S. Freud, *Edição standard brasileira das obras psicológicas completas de Sigmund Freud* (Vol. IX). Rio de Janeiro: Imago. (Trabalho original publicado em 1906).

Freud, S. (1996b). A dinâmica da transferência. In S. Freud, *Edição standard brasileira das obras psicológicas completas de Sigmund Freud* (vol XII). Rio de Janeiro: Imago. (Trabalho original publicado em 1912).

194 ESCUTA DO PACIENTE, COMPREENSÃO E AUTORREFLEXÃO

Freud, S. (1996c). O estranho. In S. Freud, *Edição standard brasileira das obras psicológicas completas de Sigmund Freud* (Vol. XVII). Rio de Janeiro: Imago. (Trabalho original publicado em 1919).

Freud, S. (1996d). Psicanálise silvestre. In S. Freud, *Edição standard brasileira das obras psicológicas completas de Sigmund Freud* (Vol. XI). Rio de Janeiro: Imago. (Trabalho original publicado em 1910).

Freud, S. (1996e). Recomendações aos médicos que exercem a psicanálise. In S. Freud, *Edição standard brasileira das obras psicológicas completas de Sigmund Freud* (Vol. XII). Rio de Janeiro, Imago (Trabalho original publicado em 1912).

Kehl, M. R. (2002). Sobre ética e psicanálise. São Paulo: Companhia das Letras

Lacan, J. (2010). *O seminário, livro 8: a transferência*. Rio de Janeiro: Zahar. (Trabalho original publicado em 1960-1961).

Lacan, J. (1998). A direção do tratamento e os princípios de seu poder. In J. Lacan, *Escritos* (pp. 591-652). Rio de Janeiro: Zahar. (Trabalho original publicado em 1958).

Laplanche, J. (2003). Contracorrente. In A. Green (Org.), *Psicanálise contemporânea: revista francesa de psicanálise: número especial, 2001*. Rio de Janeiro/São Paulo: Imago/SBPSP.

Pessoa, F. (1934). Como é por dentro outra pessoa. Recuperado de: http://arquivopessoa.net/textos/2784

Pontalis, J. (2003). O laboratório central. In A. Green (Org.), *Psicanálise contemporânea: revista francesa de psicanálise: número especial, 2001*. Rio de Janeiro/São Paulo: Imago/SBPSP.

Winnicott, D. W. (2016). Tipos de psicoterapia. In D. W. Winnicott, *Tudo começa em casa* (pp. 93-103). São Paulo: WMF Martins Fontes. (Trabalho original publicado em 1961).

Por que psiquiatria?

Introdução

Há algum tempo venho trabalhando no processo de seleção da residência médica para o programa de psiquiatria do Hospital das Clínicas de São Paulo. Faço parte da última etapa desse processo, na qual membros de uma banca entrevistam os candidatos e fazem a arguição a respeito de seus currículos. Considero este um trabalho extremamente delicado, e não há um ano no qual não surjam dúvidas e angústias a respeito das decisões tomadas. Sendo o número de vagas limitado e a concorrência por elas cada vez maior, um centésimo de ponto literalmente é a diferença entre o último candidato a entrar e o primeiro a aguardar na lista de espera. Diante de tal tarefa, sou grato pela interlocução junto a colegas sensíveis e zelosos, com os quais divido essa responsabilidade.

No entanto, nos últimos anos, tenho me debatido com certas questões éticas e técnicas a respeito dessas entrevistas. Observei que um tema que dividia muitas vezes a opinião dos membros da banca era a ideia de *vocação*. Naturalmente, sempre há um amplo e respeitoso debate entre todos os envolvidos, mas era repetida a sensação de que em alguns momentos a discussão deslizava para um certo achismo, girando em falso. Assim, este mal-estar me levou a pesquisar o tema da vocação, e tive dificuldade em encontrar material que fugisse ao popular tema da orientação vocacional – suas estratégias e instrumentos. Como exceção, encontrei o excelente texto do psicanalista Marcelo Viñar, "Sobre a admissão no instituto" (2002/2017). Nele, o autor fala sobre a seleção para os institutos de psicanálise, e um leve tom fenomenológico me interessou bastante. Depois desse encontro, procurei maiores referências sobre o assunto, mas não encontrei, e então me propus a fazê-las por mim mesmo – pesquisaria o tema da vocação a partir do vértice da fenomenologia. O resultado da pesquisa é o texto que se segue, e tive a oportunidade de discuti-lo com alguns colegas das bancas de seleção – o que me parece ter sido útil para afinar nossa percepção e julgamento durante tal empreitada.

Acredito que a um leitor familiarizado com as ideias fundamentais da psicanálise não escapará a semelhança entre a proposição central – a força de arraste da vocação – com o conceito freudiano de *Sexualtrieb* (pulsão sexual). A descrição aqui apresentada de vocação faz lembrar bastante o elemento do ímpeto (*Drang*) da pulsão – elemento motor que pressiona constantemente em busca de satisfação.

Devo dizer que não fiz essa aproximação de caso pensado, e que ela se manifestou aos meus sentidos apenas nos momentos finais da escrita do artigo. Não acho improvável que minha atividade consciente de pesquisa tenha se associado inconscientemente ao meu conhecimento prévio dessa pedra angular da psicanálise. Torço apenas para que uma não tenha distorcido a outra. Pelo contrário, espero que o conceito de pulsão tenha servido como uma ferramenta útil para esculpir uma ideia mais definida, consistente e verificável do que chamamos de vocação.

PEDRO COLLI BADINO DE SOUZA LEITE 197

* * *

Ninguém o pode aconselhar ou ajudar – ninguém. Não há senão um caminho. Procure entrar em si mesmo. Investigue o motivo que o manda escrever; examine se estende suas raízes pelos recantos mais profundos de sua alma; confesse a si mesmo: morreria, se lhe fosse vedado escrever? Isto acima de tudo: pergunte a si mesmo na hora mais tranquila de sua noite: "Sou mesmo forçado a escrever?". Escave dentro de si uma resposta profunda. Se for afirmativa, se puder contestar àquela pergunta severa por um forte e simples "sou", então construa a sua vida de acordo com esta necessidade. Sua vida, até em sua hora mais indiferente e anódina, deverá tornar-se o sinal e o testemunho de tal pressão.

Rainer Maria Rilke, *Cartas a um jovem poeta*, 1929/1985

O texto da epígrafe é trecho da primeira carta enviada pelo poeta Rainer Maria Rilke em resposta ao cadete do exército austro--húngaro Franz Xaver Kappus, em 17 de fevereiro de 1903. Este se encontrava numa encruzilhada: entre o horizonte de sua carreira militar e seu gosto pela escrita. Descobriu por acaso que o poeta que admirava estivera naquela mesma escola de guerra, e decidiu lhe escrever sobre suas dúvidas e angústias. Franz encaminhou a Rilke seus versos e perguntou a ele sobre seu valor e suas chances como poeta. Rilke evitou este pedido mais imediato. Ele decidiu não ocupar o lugar de crítico literário e preferiu estimular o jovem Franz a pesquisar em seu íntimo se ali existia *algo* que o mandava, que o forçava a escrever. Entre 1903 e 1908, o poeta-consultor

198 POR QUE PSIQUIATRIA?

ainda escreveria mais nove cartas a Franz, as quais estão publicadas no livro *Cartas a um jovem poeta* (Rilke, 1929/1985).

Por um lado, examinando o recorte supracitado da carta, as palavras de Rilke aparentam não desbotar com o passar do tempo. Mesmo em um exemplar como o meu, com páginas amareladas e alguma poeira dentro de si, a técnica para sondar o enigmático *algo* que o força a escrever ainda soa atual. Hoje, cada indivíduo que se sinta em dúvida se deve ou não mergulhar na empreitada de ser escritor ainda pode se medir pelo ideal do poeta: "poderia viver sem escrever?".

Por outro lado – e também como uma característica das grandes obras –, a ideia de Rilke vai ganhando um caráter universal. Misteriosamente, o texto toma um descaminho do trilho literário e passa a propor o mesmo exame de consciência a cada um de seus leitores, independentemente de suas ocupações.

Mesmo a quem não se sinta em dúvida sobre ser ou não ser um escritor, a carta impõe sua pergunta: há alguma atividade que preciso perseguir? Há algo que me pressiona para que eu o realize continuamente, não apenas pela necessidade econômica, mas por um sentimento outro de urgência? Qual a ação que, fosse eu forçado a interromper, provocaria a minha morte? Neste ponto, se a ideia de morte parece muito radical, podemos levar em conta a observação comum dos casos nos quais se trabalha sobretudo pela sobrevivência material, nos quais encontramos indivíduos alienados de suas atividades, presos a um estado mental desvitalizado, não muito distante dos zumbis que povoam diversos filmes e seriados contemporâneos. Ali não há morte concreta, orgânica, mas também não podemos afirmar que há vida em todo o seu significado.

Desse modo, mais de um século após a correspondência entre Rilke e Kappus, a carta permanece inflexível em sua interrogação a nós: poderia eu viver sem clinicar? Sem pesquisar? Sem analisar?

Sem transmitir o conhecimento conquistado neste caminho? Sem experimentar e testemunhar o enigma do sofrimento psíquico humano? Como a esfinge de Tebas, a reflexão nos ameaça: decifra-me ou devoro-te (Sófocles, *c.* 427 a.C./1990).

Etimologia e fenomenologia

Mas antes do enigma tão grave, esta questão de vida ou morte, tomemos um desvio. Se a experiência cotidiana por vezes mostra que somos forçados em direção a determinada ação, função, trabalho ou ofício, o que é *isso* que nos força? De que se trata este *algo*? Farei aqui uma primeira suposição: a de que o fenômeno que exerce esta força em nossa alma é o que se pode chamar de *vocação*.

Do ponto de vista etimológico, a palavra *vocação* tem sua origem no latim. *Vocatio*, um chamado; *vocatus*, pessoa chamada; *vocare*, chamar; *vox*, voz, som, fala, grito, chamado. Historicamente a expressão pertence ao campo religioso, aos chamados e aos desígnios de Deus sobre os homens. Assim, os seres humanos seriam chamados, convocados a desempenhar algum papel nos planos divinos, como meios para fazer acontecer a vontade do criador. Além disso, o vocábulo é usado para descrever pessoas que seguem o caminho do sacerdócio, ou seja, uma resposta ao chamado para ser um representante mais imediato de Deus na terra.

Sem entrar em controvérsias religiosas, considero que por vocação se está falando de uma experiência psíquica cujo sentido se encontra entre a carta de Rilke e a teologia. Há um chamado em direção a alguma atividade. Em segundo lugar, é a intensidade deste chamado que o caracteriza. Não se trata de simples pedido ou de leve inclinação: "Olhe, Fulano, por favor, se lhe for possível, persiga esta atividade quando você tiver algum tempo livre." De forma

200 POR QUE PSIQUIATRIA?

alguma. A vocação não é polida. Ela manda, força, subjuga o indivíduo em questão: "Faça isso agora!".

Ela é violenta e chantageia com a perda da vitalidade de seu hospedeiro: "Faça isso ou caia no vazio de sentido para sua existência." Por outro lado, obedecê-la é vital, traz o sentimento de que não se poderia estar vivo de outra forma. O fenômeno encontra-se entre a dádiva e a maldição.

Sem a pretensão de esgotar o tema, tentarei expor a seguir os personagens Homem e Vocação interpretados por diferentes atores, e torço para que um sentido mais justo de sua caracterização possa emergir ao longo deste caminho.

Glenn Miller e a casa

A primeira é uma história não oficial sobre o músico de *jazz* Glenn Miller, norte-americano, trombonista e líder da *big band* Glenn Miller Orchestra. Compositor profícuo, reconhecemos imediatamente as primeiras estrofes de muitas de suas composições, como *In the mood* ou *Moonlight serenade*. Certa noite, Glenn e os músicos da banda estavam em um avião a caminho de um show, quando tiveram que fazer uma aterrisagem forçada devido a uma nevasca. Eles pousaram em um campo aberto, perto do local de sua apresentação, e percorreram o restante do trajeto a pé. Através da neve e da lama, todos andavam vestidos com seus figurinos e carregavam nas mãos os próprios instrumentos, quando avistaram uma casa com luzes acesas em seu interior. Ao se aproximarem da janela, Glenn observou uma família sentada à mesa. Havia luz, calor humano e da lareira, comida na mesa e os pais brincando com suas crianças. Diante de tal cena de conforto e aconchego, que fazia forte contraste com a vulnerabilidade de sua banda frente à intempérie, ele se voltou a um de seus colegas, apontou para as pessoas dentro da casa e disse em um tom cômico de estranhamento: "como as pessoas conseguem viver desse jeito?".

Correndo o grande risco de explicar a piada, quero sublinhar que a vocação não serve necessariamente à autopreservação do indivíduo que a carrega. O chamado não é utilitarista. É claro que alguém pode conquistar bem-estar material na perseguição de um interesse vital, mas a comodidade não é o seu objetivo primeiro ou final. Parece certo que Miller estava ciente da situação de desamparo de si e de seus colegas, tanto quanto percebia todo o conforto representado pela cena dentro da casa. O que sua frase aponta, e é isto que gera o efeito cômico, é que ele está supondo (a fim de apaziguar o que deles fez o destino) que nenhuma daquelas pessoas dentro da casa tem uma vocação como a sua. Quando o músico brinca com seu colega, está dizendo que nenhuma das pessoas de dentro da casa teria o privilégio de se sentir chamado, como ele se sentia, a atravessar quaisquer condições meteorológicas para poder tocar sua música.

Ainda sobre esta distinção – entre o fenômeno da vocação e o êxito material/profissional –, a atividade clínica e algumas experiências do dia a dia podem prestar ajuda. Não é raro que certos pacientes busquem atendimento psiquiátrico ou psicoterápico justamente ao encontrar a realização material. Quando a conquistam, percebem não experimentar o estado de satisfação imaginado. Muitas vezes o sucesso vem acompanhado de um sentimento enorme de vazio, de falta de sentido naquele trabalho ou até mesmo na vida. Há riqueza monetária, mas miséria psíquica. Em alguns desses casos pode-se constatar, pela negatividade, o que é a vocação. É aquilo que falta, aquilo que transcende o dinheiro, que confere ao trabalho um sentido singular para aquele determinado indivíduo. Por outro lado, não faltam exemplos de pessoas que perseguem

202 POR QUE PSIQUIATRIA?

seus interesses vocacionais ao custo de viver em aperto, com privações de diversos tipos. Com todo o respeito às singularidades, talvez possamos citar aqui a categoria geral dos artistas. Quantos artistas não conhecemos direta ou indiretamente a quem a segurança econômica parece secundária à necessidade de produzir sua arte? Descontando os casos nos quais poderíamos encontrar culpa neurótica – expressa na tendência de se manter ativamente em dificuldades –, penso que algumas vezes observamos o triunfo da vocação sobre o dinheiro.

Se posicionarmos a situação clínica mencionada ao lado desse modo de viver a vida de certos artistas, observaremos que esses são exemplos extremados, de duas polaridades, em que vocação e sucesso material se excluem mutuamente. Se considerarmos que a vocação é uma espécie de patrimônio psíquico, no primeiro caso estaremos diante de um rico pobre. No segundo, de um pobre rico. Provavelmente, em nosso dia a dia, será mais frequente encontrarmos exemplos menos claros, nos quais as duas características se encontram amalgamadas, e teremos maior dificuldade em dizer onde uma começa e a outra termina.

Winnicott e Brás Cubas

D. W. Winnicott, pediatra e psicanalista inglês, inicia seu trabalho *A contribuição da mãe para a sociedade* (1957/1989) da seguinte forma:

> *Penso que todo mundo possui um interesse maior, um impulso motor profundo em direção a algo. Se a vida de alguém dura o suficiente, de tal modo que essa pessoa possa olhar para trás, ela poderá discernir uma*

tendência urgente que integrou todas as diversas e variadas atividades de sua vida profissional e de sua vida privada.

No meu caso, já posso ver em meu trabalho o importante papel desempenhado pelo impulso de descobrir e valorizar a boa mãe comum. Sei que os pais são tão importantes quanto as mães, e realmente um interesse na maternagem inclui um interesse nos pais e na parte vital que eles desempenham nos cuidados ao bebê. Quanto a mim, no entanto, é às mães que me sinto profundamente compelido a me dirigir. (p. 117)

Sobre este trecho, inicialmente chama a atenção o otimismo de Winnicott: ele pensa que "todo mundo" é impulsionado profundamente, urgentemente, em direção a algo. Aqui, poderíamos pedir que o melancólico Brás Cubas, personagem de Machado de Assis, questionasse o analista. Em seu derradeiro capítulo do livro *Memórias póstumas de Brás Cubas* (1881/1992), escreve o defunto autor:

Capítulo CLX, Das Negativas

Entre a morte do Quincas Borba e a minha, mediaram os sucessos narrados na primeira parte do livro. O principal deles foi a invenção do emplasto Brás Cubas, que morreu comigo, por causa da moléstia que apanhei. Divino emplasto, tu me darias o primeiro lugar entre os homens, acima da ciência e da riqueza, porque eras a genuína e direta inspiração do Céu. O caso determinou o contrário; e aí vos ficais eternamente hipocondríacos.

204 POR QUE PSIQUIATRIA?

Este último capítulo é todo de negativas. Não alcancei a celebridade do emplasto, não fui ministro, não fui califa, não conheci o casamento. Verdade é que, ao lado dessas faltas, coube-me a boa fortuna de não comprar o pão com o suor do meu rosto. Mais; não padeci a morte de D. Plácida, nem a semidemência do Quincas Borba. Somadas umas coisas e outras, qualquer pessoa imaginará que não houve míngua nem sobra, e conseguintemente que saí quite com a vida. E imaginará mal; porque ao chegar a este outro lado do mistério, achei-me com pequeno saldo, que é a derradeira negativa deste capítulo de negativas: – Não tive filhos, não transmiti a nenhuma criatura o legado de nossa miséria.

FIM (pp. 149-150)

Dando continuidade à discussão entre comodidade material e vocação, Brás Cubas é bastante claro sobre sua situação financeira. Ele não precisou suar o rosto para comprar o pão, e isto aparenta ser um contraponto ao capítulo das negativas. Nascido na elite carioca da época, seu problema definitivamente não se encontrava no plano do sustento material. Por outro lado, ele acusa suas faltas: não alcançou a celebridade, não conquistou poder, não conheceu o casamento. Mas isso não é tudo. Por detrás dessas negativas de superfície talvez possamos constatar algo mais grave no plano psíquico do personagem. Com a exceção de uma ou outra paixão fracassada, a vida de Brás Cubas é atravessada pelo tédio, pela ironia/sarcasmo e pelo pessimismo.

Tanto Winnicott como Brás Cubas olham para trás em seus textos. O primeiro consegue enxergar um "impulso motor profundo", uma "tendência urgente que integrou todas as diversas e variadas atividades de sua vida profissional e de sua vida privada". Se dermos a isso o nome de vocação, foi ela a responsável por dar sentido a grande parte de sua vida e de seu legado. Já o segundo não vê quase nada e ainda comemora, em especial por não ter deixado filhos. Ele temia que sua miséria psíquica – projetada sobre toda a humanidade – pudesse ser transmitida a outras criaturas. Neste ponto eu poderia ser questionado sobre tal comparação dos dois indivíduos, e alguém poderia objetar que meu argumento perde força se medirmos uma pessoa de carne e osso contra um personagem literário. Bem, o que posso responder é que se o personagem parecer por demais fantástico, encaminho os leitores ao exame da própria consciência existencial em seus momentos mais difíceis, ou, mais simplesmente, ao que nos dizem os pacientes melancólicos que recebemos em diversos contextos.

Além disso, a comparação ainda pode ser atacada em um outro ponto. Alguém poderia argumentar que havia sim em Brás Cubas um chamado, a saber, o de criar o emplasto com seu nome. Após a morte de seus conhecidos e da decadência daqueles que continuavam vivos, o personagem concebe a ideia de inventar um medicamento "divino", com o poder de curar todas as dores. Para podermos examinar esta crítica, a de que Brás Cubas experimentou sim uma vocação, devemos ler o que ele tem a dizer sobre esta sua ideia. É assim que ele descreve, com a maior franqueza possível, suas motivações mais íntimas sobre esse projeto:

Capítulo II, O Emplasto

Com efeito, um dia de manhã, estando a passear na chácara, pendurou-se-me uma idéa no trapézio que eu tinha no cérebro. Uma vez pendurada, entrou a bracejar, a pernear, a fazer as mais arrojadas cabriolas de volatim, que é possível crer. Eu deixei-me estar a contemplá-la. Súbito, deu um grande salto, estendeu os

206   POR QUE PSIQUIATRIA?

braços e as pernas, até tomar a forma de um X: decifra-
-me ou devoro-te.

Essa idéa era nada menos que a invenção de um me-
dicamento sublime, um emplasto anti-hipocondríaco,
destinado a aliviar a nossa melancólica humanidade.
Na petição de privilégio que então redigi, chamei a
atenção do governo para esse resultado, verdadeira-
mente cristão. Todavia, não neguei aos amigos as van-
tagens pecuniárias que deviam resultar da distribuição
de um produto de tamanhos e tão profundos efeitos.
Agora, porém, que estou cá do outro lado da vida, pos-
so confessar tudo: o que me influiu principalmente foi o
gosto de ver impressas nos jornais, mostradores, folhe-
tos, esquinas, e enfim nas caixinhas do remédio, estas
três palavras: Emplasto Brás Cubas. Para que negá-lo?
Eu tinha a paixão do arruído, do cartaz, do foguete de
lágrimas. Talvez os modestos me arguam esse defeito;
fio, porém, que esse talento me hão de reconhecer os
hábeis. Assim, a minha idéa trazia duas faces, como as
medalhas, uma virada para o público, outra para mim.
De um lado, filantropia e lucro; de outro lado, sede de
nomeada. Digamos: – amor da glória. (p. 4)

O estado *post mortem* favorece a sinceridade do personagem,
e, nos dirigindo a palavra a partir do outro lado da vida, o autor
parece se colocar acima de nós, mortais, não? Quantos pacientes
deprimidos não tomam a mesma posição de superioridade moral
por meio de seu sofrimento? Vazio na vida, redenção na doença e
na morte. Talvez o amor-próprio veja no sofrimento e na finitude
oportunidades ideais para se expressar. De qualquer forma, seja

pela honestidade intelectual, seja pela afirmação de superioridade sobre nós, Brás Cubas nos permite entrar em sua intimidade, e nos conta aquilo que muitas vezes temos dificuldade em admitir a nós mesmos, a nossos médicos, analistas etc. A descrição de sua ambição é precisa: "amor da glória", "sede de nomeada", "paixão do arruído". É essa descrição que nos ajuda a diferenciar aquilo que estou chamando de vocação daquela superficial camada de reconhecimento (social ou de si mesmo) atrelada a algum tipo de realização. Em outras palavras, trata-se da enorme distância que separa o imaginado do vivido. Pensemos em um exemplo próximo. Uma coisa é o lugar que um psiquiatra ou um psicoterapeuta pode ocupar no imaginário de seu paciente, de amigos ou de seu meio sociocultural. Outra coisa, que pode ser completamente diferente, é a experiência vivida no dia a dia de nosso trabalho. Em um grande número de casos, constato que este último seguramente tem menos *glamour*, menos arruído.

No entanto, mesmo com a confissão de Brás Cubas de que sua motivação maior era menos o trabalho sobre o emplasto do que a glória que ele lhe traria, podemos arriscar uma outra ideia. Talvez a busca pelo emplasto pudesse também ser motivada pela necessidade de cuidar de sua miséria mental, projetada e universalizada sobre toda a espécie humana. Quem sabe neste aspecto existisse um componente vocacional, ou seja, uma pressão interna por investigar e tratar do sofrimento psíquico próprio e/ou alheio? E não é aproximadamente isso o que nós nos propomos a fazer? Se isso lhe fosse possível, acho que esse seria um caminho muito mais penoso, traria pouca fama devido ao limite do alcance terapêutico de qualquer emplasto, mas haveria uma chance de se lhe resgatar do vazio de sua vida. Curiosamente, temos aqui um contraponto na história de Winnicott. O pediatra nunca escondeu de ninguém, e escreveu claramente em sua biografia, que ao longo de sua vida muitas vezes se sentiu profundamente deprimido. Foi um dos psicanalistas que por mais tempo se dispôs a fazer análise pessoal, não apenas como instrumento de formação para a atividade clínica, mas principalmente pela sua própria demanda por ajuda com sua dor mental. O reconhecimento de seu estado e o trabalho intenso sobre seu sintoma parecem ter favorecido sua vocação. Brás Cubas não teve a mesma sorte: enquanto tentava inventar o emplasto, contraiu uma pneumonia e morreu. Ironia das ironias que a busca da saúde conduza até a morte.

Se o impulso motor profundo fica indivisível no melancólico defunto, ele se encontra nítido para o médico em seu texto de 1957. Quando escreveu aquelas linhas, Winnicott já acumulava a experiência de 34 anos como pediatra e 22 anos como psicanalista de crianças, adolescentes e adultos. Seu testemunho ainda nos é útil para lapidar um outro aspecto sobre o fenômeno vocacional: ele não coincide necessariamente com uma profissão. Vocação pediátrica? Vocação psicanalítica? Winnicott responde negativamente a essas duas questões porque se dá conta de que ambas podem ser reduzidas a algo mais essencial: o impulso (*urge*) de descobrir e valorizar a boa mãe comum. O mesmo impulso pôde ser atendido em diferentes campos do saber humano – a medicina e a psicanálise – mediante diferentes métodos e instrumentos. Mas o importante é notar que a vocação não se confunde com as formas pelas quais ela pode se expressar.

Aqui a investigação de casos individuais, como o do pediatra analista, traz informações que questionam uma visão mais essencialista da vocação. Tal visão está exemplificada no livro *Vocação médica, um estudo de gênero* (2005), do colega psiquiatra L. R. Millan. O autor faz um grande aporte ao tema, e em seu livro podemos encontrar: um levantamento histórico sobre o ofício médico ao redor do mundo; uma revisão das teorias que buscam pensar sobre a vocação; uma revisão de pesquisas populacionais sobre perfis de alunos de medicina; e um estudo populacional original comparando homens e mulheres ("um estudo de gênero") que ingressam na faculdade de medicina. Sua maior contribuição talvez seja a constatação de que a vocação, quando expressa por meio da medicina, transcende o gênero. No entanto, o argumento de Millan perde força quando este assume que existe uma vocação essencialmente médica, e não o ponto de vista de que o fenômeno vocacional não está amarrado *a priori* a nenhuma profissão ou ofício. Apoiado em metapsicologia kleiniana, ele chega a escrever: "pode-se supor que o estágio embrionário da vocação médica se dá no transcorrer do primeiro ano de vida, caso seja possível a elaboração da posição esquizoparanoide e, posteriormente, da posição depressiva" (Millan, 2005, p. 253). Ou seja, a suposição é de que em algum momento primitivo da mente já existe algo como um embrião que irá se desenvolver em sequência e ritmo já programados, desembocando inexoravelmente na chamada vocação médica. Temos aqui uma clara versão da teoria essencialista. Eu só poderia concordar com a metáfora embriológica se o embrião de uma espécie pudesse se transformar em uma diversidade de outras espécies, o que não observamos com frequência na natureza. Tal argumento parece esconder uma tendência a idealizar a prática médica – "nasci para isto" –, e pode ser refutado por certas biografias. Ora, o exemplo de Winnicott e um outro explorado mais à frente neste mesmo artigo contrariam frontalmente tal suposição essencialista. Nesta investigação, a vocação parece ser um fenômeno constituído de forma menos embriológica, mais processual, que se representa mais pela sua intensidade do que pelo campo pelo qual se expressa.

Partindo deste novo ângulo, podemos pensar que cada profissão ou ofício pode servir como um destino final às mais variadas vocações – estas um pouco mais irredutíveis e um pouco mais difíceis de serem reconhecidas –, e que provavelmente se tornam mais claras apenas com o transcorrer da vida de um indivíduo, se

210 POR QUE PSIQUIATRIA?

a ele for dado viver este tanto. É importante também sublinhar a ideia de que vocação e profissão podem compartilhar uma área de sobreposição, mas não se manifestam juntas necessariamente. Alguém pode encontrar uma profissão na qual uma vocação possa se expressar. Uma outra pessoa pode trabalhar sem necessariamente ser impelida por uma força de natureza vocacional. Uma terceira pode vivenciar um chamado vocacional e não encontrar caminhos para dar vazão a ele.

Assim, na entrevista para a prova de residência, estamos diante de um médico que manifesta a vontade consciente de ser psiquiatra. Adotando a mesma linha de reflexão, não sabemos se existe a força vocacional e, se ela existe, de qual força se trata. Pergunta-se: quais são as vocações que podem se expressar por meio da psiquiatria? O exemplo de Winnicott traz clareza, mas ele ajuda mais especificamente os psicanalistas e pediatras do que os psiquiatras. Talvez o exame de outro personagem machadiano, o psiquiatra Simão Bacamarte de *O alienista* (1882/2000), pudesse nos trazer mais informações sobre vocações que podem se expressar na psiquiatria. No entanto, prefiro recusar esse caminho e oferecê-lo aos colegas que quiserem seguir por ali. Prefiro explorar no item seguinte a vida e a obra de um outro psiquiatra, este de carne e osso, que julgo nos trará uma amplitude de pensamento maior sobre a questão.

No mais, não tenho a intenção de propor uma lista exaustiva de vocações que podem se expressar por meio do fazer psiquiátrico, pois penso que isso poderia estreitar nossa capacidade de observação. Basta dizer que as opções são imensas. Acredito que a busca de maior clareza sobre esta definição pode começar a restringir a capacidade de percepção sobre nossos candidatos. As constelações psíquicas são infinitas, e quem poderá prever todas as suas variações? Tenhamos presente que estamos sondando um enigma sem solução final, e que se apresenta sempre obliquamente.

Jaspers e sua vocação

Desde 1913, Karl Jaspers é *a* referência sobre o pensar e o fazer psiquiátrico. O avanço tecnológico e a expansão exponencial da quantidade de informações sobre a mente e o cérebro nas últimas décadas reforçam a atualidade de seu trabalho. Herdamos o mesmo problema insolúvel por ele abordado: a dualidade do objeto psíquico, localizado entre a biologia e a cultura, e a necessidade de aprender a pensar o que se sabe e o que não se sabe sobre tal objeto. Além disso, sua mensagem maior é a de humildade clínica e científica. Por mais que os diferentes campos de conhecimento avancem, sempre teremos apenas um recorte do que é um ser humano. *A experiência de existir e de viver é sempre maior do que a soma de todas essas informações coletadas.* Por isso, qualquer programa de residência médica em psiquiatria que não leve em conta sua *Psicopatologia geral* (1913/1968) está fatalmente obsoleto. Ignorar suas ideias significa o risco de afunilar o pensamento de todo psiquiatra em formação e, ainda mais grave, de cometer enganos metodológicos na anamnese e na terapêutica de cada paciente que nos procura por ajuda.

Por conta da importância que o autor representa para nós, é curioso o fato de que a publicação desse livro marque o início de uma ruptura com sua trajetória médica. Jaspers desenvolveu seu trabalho na biblioteca da Universidade de Heidelberg, autorizado, mas também um tanto desencorajado, pelo diretor da clínica, Franz Nissl. O primeiro acreditava que a psiquiatria poderia se beneficiar muito do contato com as ciências humanas, como a filosofia, a história e as ciências sociais. O segundo tinha suas reservas sobre isso e insistia na importância do saber neuropatológico. Em sua autobiografia, Jaspers se recorda da ambivalência com a qual Nissl o tratava em virtude dos seus interesses nas ciências humanas:

A impressão mais profunda, gravada para sempre em minha memória, foi produzida pela atitude ao mesmo tempo crítica e apoiadora de Nissl. Meu curso sobre "Nostalgia e Delito" o havia deixado tão satisfeito que ele me deu a melhor nota e concordou com meu desejo de trabalhar em sua clínica. Na primeira entrevista, quando eu expus esta minha vontade, ele respondeu de modo seco: – Está bem, do que você quer se ocupar? –. Eu lhe disse que durante as primeiras semanas eu pensava em me orientar sobre os livros existentes na biblioteca, ao que ele me olhou surpreso e respondeu com rispidez: – Está bem, se quer perder seu tempo com essas bobagens, vá em frente! –. Esta resposta me afetou muito. Foi tal minha exasperação que pensei em desistir de trabalhar na clínica. Mas me pus a refletir: ao final, tratava-se de um grande pesquisador [Nissl]. Devia perdoá-lo pela brusquidão com a qual tratava um jovem como eu . . . Essa clínica não tinha par, não havia outra igual em toda a Alemanha . . . Estava em jogo o meu futuro . . . Devia deixar meu orgulho de lado . . . (Jaspers, 1958/1964, p. 27, trad. minha)

Seja pela sua admiração, seja pelo que representava a clínica de Heidelberg, o entrevistado perdoou seu entrevistador. Mas isso não fez parar os golpes deste. Ainda sobre os interesses intelectuais de Jaspers, certo dia este presenciou Nissl a falar a um de seus assistentes: "Pobre Jaspers! É tão inteligente, mas só se ocupa de bobagens". Em outro episódio, o jovem havia sido afastado da universidade por sintomas de sua severa doença pulmonar, bronquiectasia. Ao retornar, ainda em recuperação, Nissl observou seu estado geral e disse: "Senhor Jaspers, como você está pálido! Cuidado, porque filosofar muito faz mal aos glóbulos vermelhos".

No entanto, não se pode retratar Nissl como um vilão. Isso seria um reducionismo injusto, uma dificuldade em perceber que aspectos paradoxais convivem em nossas mentes. Não fosse a liberdade acadêmica com a qual o diretor sempre tratou o médico filósofo, este não teria produzido a obra que baliza o pensamento psiquiátrico até os dias de hoje. Quando Jaspers finalizou sua *Psicopatologia geral*, ele entregou uma cópia para que seu chefe o avaliasse em seu trabalho. Nas semanas seguintes, por onde quer que fosse, Nissl era visto com as provas do livro guardadas nos bolsos de seu jaleco. Ao final da leitura, comentou com um outro colega: "Excelente trabalho ... deixa muito atrás o de Kraeplin". Pelo reconhecimento de tal conquista, o diretor pretendia oferecer ao autor uma cátedra na própria Heidelberg, mas constatou que não havia mais lugar disponível ali. Nissl então fez contato com Kraeplin em Munique e com Alzheimer em Breslau – atestando o valor que conferia ao trabalho de Jaspers –, e ambos ficaram mais do que satisfeitos em oferecer a mesma posição de pesquisa e ensino a ele. Este, no entanto, respondeu que gostava de Heidelberg, e que preferia tentar uma cátedra de psicologia na Faculdade de Filosofia. Assim, o psiquiatra dava um passo decisivo para fora da medicina.

Em seguida, veio a Grande Guerra, e Nissl foi transferido de Heidelberg para Munique. O decano da faculdade, professor Gottlieb, ofereceu a Jaspers a posição de Nissl em Heidelberg, uma oportunidade de voltar para a clínica psiquiátrica como diretor. Jaspers pediu alguns dias para pensar e ponderou sobre as limitações físicas impostas pela sua patologia pulmonar. No entanto, um outro fator um pouco menos visível, mas um tanto mais vigoroso também influenciou sua decisão. É desta maneira que ele fala em sua autobiografia sobre esse episódio:

214 POR QUE PSIQUIATRIA?

> *Retrospectivamente, aquele passo dado de forma re-*
> *lutante, sob a pressão de minha doença – o de optar*
> *definitivamente pela Faculdade [de filosofia] – na re-*
> *alidade me pôs no caminho em que apontava* a minha
> vocação. *Desde minha adolescência tinha eu inquie-*
> *tudes filosóficas. Por motivos filosóficos havia decidi-*
> *do estudar medicina e psicopatologia. Se não havia*
> *consagrado minha vida à filosofia, era porque recua-*
> *ra ante a magnitude da tarefa. Tampouco me propus*
> *a tal naquele momento. Minha intenção era ensinar*
> *psicologia desde uma cátedra de filosofia, mas, ainda*
> *assim, uma psicologia. Esta orientação que tomou mi-*
> *nha vida, mesmo que dolorosa naquele instante pela*
> *renúncia que me impunha, na verdade significava a*
> *circunstância feliz de me abrir o campo que nos anos*
> *seguintes chegou a ser a filosofia. (Jaspers, 1958/1964,*
> *p. 29, trad. minha)*

O grifo é de minha parte. Aqui constatamos que sua escolha em não retornar à clínica psiquiátrica em Heidelberg, em se manter trabalhando no campo da filosofia, não se deu apenas devido às suas limitações pneumatológicas. Nesse trecho de sua biografia, Jaspers percebe que sua vocação, desde sua adolescência, sempre apontou para a filosofia. O desvio pelo direito, pela medicina e pela psicopatologia eram recuos, esquivas, frente à magnitude de tal tarefa. Aliás, o título de sua autobiografia é *Autobiografia filo-sófica* (1958/1964), e Jaspers a escreve aos 75 anos. Em sua introdução, ele revela ao leitor seu método: o de optar pelas memórias que possam dar sentido a sua escolha de filosofar. Ou seja, depois de Winnicott e Brás Cubas, Jaspers olha para trás e julga que seu trabalho como médico, como psiquiatra, como psicopatologista, e na produção da *Psicopatologia geral*, estavam orbitando em torno de um "interesse maior, um impulso motor profundo em direção a algo", para citar novamente o pediatra (Winnicott, 1957/1989). E esse motor profundo se relacionava menos com a atividade médica do que com o pensar filosófico.

Então qual era a vocação de Jaspers? Vocação filosófica? Se a suposição é que não há vocação pediátrica, vocação psiquiátrica e vocação psicanalítica – que a pediatria, a psiquiatria e a psicanálise são três formas de expressão de diversas vocações distintas –, existiria uma vocação especificamente filosófica? Estou inclinado a responder negativamente a essa pergunta, ou seja, penso que também a filosofia é um dos campos do saber humano por meio do qual muitas vocações poderiam se manifestar. Suponho ainda que a vocação é singular, específica para cada indivíduo e para o seu momento de vida. Além disso, penso que sua enunciação é problemática, ou seja, nem sempre o indivíduo consegue dizer para si e para os demais em qual direção a sua vocação está lhe arrastando. No melhor dos casos temos o exemplo de Winnicott, que aos 62 anos consegue enunciar com clareza a sua vocação: "descobrir e valorizar a boa mãe comum" (Winnicott, 1957/1989). Em outras palavras, o motor vocacional, quando presente, é profundo, e nem sempre se permite ser trocado em palavras. A capacidade de se ter intimidade consigo mesmo, e também a habilidade de usar palavras para descrever fenômenos mentais, pode ajudar um indivíduo a responder sobre sua vocação.

Ao filósofo alemão não parecem faltar nenhuma das duas características citadas. No entanto, em seu caso não temos o mesmo tipo de ajuda prestada por Winnicott. Semelhante descrição não está presente em sua autobiografia, ou mesmo em outro documento biográfico consultado (Kirkbright, 2004). Ele simplesmente se limita a dizer, como citado e grifado há pouco: "minha vocação" e depois "inquietudes filosóficas". Por isso, coloco esta pergunta: é

216 POR QUE PSIQUIATRIA?

justificado tentarmos enunciar a especificidade da vocação de Jaspers? Em outras palavras: se ele próprio parece não tê-lo feito, é válido do ponto de vista da investigação fenomenológica fazermos uma tentativa de reconstruir a especificidade de sua vocação? Qual seria a "boa mãe comum" de Jaspers dentro do vasto campo da filosofia? Bem, se a resposta for afirmativa, a melhor chance de reconstrução de sua meta vocacional poderia ser obtida se, além das duas biografias já citadas (Jaspers, 1958/1964; Kirkbright, 2004), o autor deste texto conhecesse a fundo sua obra filosófica e também as cartas trocadas entre sua família, que se encontram guardadas em Heidelberg. Seguir esse caminho é tarefa pretensiosa demais para este pequeno texto – que quer somente sondar a ideia de vocação para depois propor uma discussão um pouco mais pragmática. De todo modo, agradeço qualquer ajuda que possa levar adiante a linha de pesquisa apontada, e me contento em examinar algumas questões sobre sua primeira crise vocacional, aos 19 anos de idade. Partiremos daqui com o apoio das referências supracitadas.

Jaspers conta ter conhecido o pensamento de Spinoza aos 17 anos, quando este se tornou seu filósofo favorito. No entanto, mesmo já tendo despertado para o pensamento filosófico, decidiu estudar direito. Tal escolha lhe parecia mais influenciada pelo amor que sentia por seus pais do que por suas próprias inclinações: foi no campo jurídico que seu pai fez grande parte de sua trajetória profissional. Jaspers sofria com essa situação, o que lhe fazia sentir grande mal-estar consigo mesmo e com a vida em meio à sociedade e à universidade: "Eu me privava de uma afirmação fundamental de vida, privação recomendada por pais queridos e amparada por sua amorosa solicitude. Estava em um caminho solitário em minha iniciação na vida" (Jaspers, 1958/1964, p. 11).

Ainda sobre a influência exercida por seus pais, ela se mostra com mais discrição em sua autobiografia (Jaspers, 1958/1964) do que no livro de Suzanne Kirkbright (2004), no qual esta explora parte de sua correspondência pessoal. Desde cedo, Karl Jaspers pai exerceu grande influência na educação e na formação da personalidade de Karl Jaspers filho. Durante a infância e a adolescência, o pai era presente, amoroso e o criou sobre os princípios da razão e da responsabilidade. Parecia um parceiro confiável, dono de uma objetividade preciosa, que instigava o filho a não deixar de obter respostas às suas perguntas e a não cumprir ordens sem entender o sentido delas. Por outro lado, muitas vezes também era uma figura autoritária, por quem o filho desenvolveu uma forte necessidade de aprovação. Talvez esse aspecto mais difícil da relação entre os dois possa ser observado por meio do atrito que Jaspers filho desenvolveu cedo, ainda menino, com o diretor de sua escola: uma oposição firme e constante. Talvez fosse menos difícil criar problemas fora do que dentro de casa. Assim, sua opção de estudar direito surge por meio dessa relação ambivalente com seu pai, e o faz sair do conforto da casa de Oldenburgo para viver em Friburgo – cidades separadas por cerca de 150 quilômetros.

O jovem fez a viagem, se matriculou na universidade e havia se instalado nos alojamentos estudantis. Mal havia começado um seminário sobre direito romano quando recebeu o diagnóstico sobre sua grave patologia pulmonar, que o fez interromper os estudos por cerca de seis meses. O diagnóstico foi feito por um acaso. Durante sua estadia em Friburgo, Jaspers pai aconselhou Jaspers filho a visitar um amigo da família, o médico Albert Fraenkel que vivia em uma cidade próxima. O filho seguiu seu conselho e tomou o trem até Badenweiler. Durante a viagem o veículo teve problemas e o deixou a seis quilômetros do destino final, que foram completados por meio de uma caminhada. Ao chegar à casa do médico, Jaspers estava gravemente dispneico, o que levou o médico a conduzir sua investigação clínica. Foi assim que, aos 18 anos, o futuro filósofo recebeu o diagnóstico que marcou sua vida: uma bronquiectasia

218 POR QUE PSIQUIATRIA?

do pulmão esquerdo. Ele finalmente obteve uma resposta sobre os sintomas respiratórios que o acompanhavam desde menino, e que sempre interferiram em sua rotina e atividades. Fraenkel percebeu também que a sobrecarga pulmonar já havia produzido efeitos sobre as câmaras do coração, além do estado de desnutrição no qual seu novo paciente se encontrava. Apesar do clima amistoso com o médico e o tratamento acolhedor que encontrou em sua clínica, a notícia sobre seu estado de saúde era gravíssima. À época, o diagnóstico apontava para um prognóstico reservado: não se esperava que o paciente pudesse viver muito além de seus 30 anos. O que se seguiu foram meses de repouso, ar puro, inclinações corporais, massagens para drenar as secreções pulmonares, e a adesão a uma rígida dieta para a recuperação de suas energias. Parcialmente recuperado, o bacharel pôde retomar seus estudos, mas já não era o mesmo. Ele havia vislumbrado a morte.

Jaspers tentou retomar o curso de direito, mas durante o ano seguinte começou a passar por uma metamorfose. Aparentemente, o contato com sua finitude lhe despertou e, nesse contexto, o estudante foi atingido por uma ideia que não lhe saiu mais da mente: deveria mudar de curso e perseguir outros interesses. Sua renovação anímica pode ser constatada no que se seguiu. Apesar dos conselhos de seus pais e de seu médico – o de usar todo o tempo livre para se dedicar ao repouso e aos cuidados à sua enfermidade –, Jaspers tinha outros planos. Ele começou a tomar aulas de italiano e planejou uma longa viagem pela Itália, que passou pelas cidades de Milão, Genova, Pisa, Roma, Florença, Veneza e de volta a Munique. A construção e a execução desse plano atestam a inesperada e crescente autonomia de Jaspers sobre importantes figuras de amor e autoridade. Ele viajou contra a prescrição de seu querido médico – que o queria em repouso – e apesar da opinião de seu pai – embora este se mostrasse generoso a ponto de custear toda sua jornada. Além disso, o contato com a terra da "beleza e

PEDRO COLLI BADINO DE SOUZA LEITE   219

da arte", onde as mulheres lhe pareciam mais atraentes do que as alemãs numa proporção de "dez para uma", fez com que Jaspers se sentisse mais pertencente ao mundo do que em relação à sua vida universitária. Ao voltar a Munique, escreveu: "a Itália foi para mim o início da conquista do mundo – antes da viagem eu vivia quase totalmente num sentido abstrato, fora dele" (Kirkbright, 2004, p. 44, trad. minha). Sobre esse momento, sua biógrafa opina: "sua jornada demonstrou independência de sua doença e de sua família de uma maneira que o motivou a embarcar em um modo diferente de viver a vida" (Kirkbright, 2004, p. 45, trad. minha).

Meses depois, Jaspers fez mais uma viagem, ainda próximo à sua querida Itália. Por recomendação médica ele aceitou passar algum tempo em Sils Maria, aldeia situada em um vale alpino no leste da Suíça. Ali, o processo desencadeado pelo seu diagnóstico e desenvolvido durante as semanas italianas seguiram seu curso. Foi lá que uma ideia mais clara de mudança de carreira se decantou em sua mente – aos 19 anos de idade ele havia decidido estudar medicina. Enquanto durou essa viagem, ele se concentrou em escrever uma longa carta aos pais, comunicando sua decisão e pedindo seu apoio afetivo e financeiro. Ele tentou descrever o que estava buscando com essa troca: "A investigação do corpo humano é a fundação de todos os outros conhecimentos sobre a psique humana, assim como o estudo das doenças nos termos de suas causas, efeitos e possíveis curas . . . Você não só aprende sobre tudo o que é visível a olho nu, mas também sobre como as menores formas de vida vêm a existir" (Kirkbright, 2004, p. 22, trad. minha).

E aos 75 anos, o experiente filósofo comenta a decisão do futuro médico:

> O que devia fazer? Era preciso encontrar um rumo na
> vida, pois tanta dispersão, ainda que abarcasse coisas

220 POR QUE PSIQUIATRIA?

*maravilhosas, resultava destrutiva. Era necessário to-
mar um caminho concreto em minha própria vida; antes de tudo, fixar uma meta aos estudos. Eu me propus
a adquirir o máximo de conhecimento possível; para
este fim a medicina me pareceu oferecer o campo mais
amplo, pois seu objeto de estudo eram a totalidade das
ciências naturais e o homem . . . Na escolha da medicina era minha consideração primordial que ela oferecia a possibilidade de conhecer a realidade. (Jaspers,
1958/1964, p. 11, trad. minha)*

A elaboração de sua carta era acompanhada de um visível processo de revitalização, de uma renovação em seu espírito. Jaspers
se sentia muito mais energizado do que o simples repouso em uma
locação paradisíaca poderia lhe oferecer. Perto da morte e longe
da voz de seu pai, ele encontrava algum tipo de sintonia com seu
motivo maior, com sua vocação. É curioso o fato de que essa carta
escrita aos seus pais ainda guardava uma tímida menção à carreira de filósofo, movimento que levaria alguns anos para poder
se manifestar com mais coragem. Além disso, podemos interrogar
se a geografia também não contribuiu para uma aproximação de
Jaspers com a filosofia, pois ele sabia que Sils Maria fora um lugar
de repouso e inspiração para Nietzsche. Foi ali que este concebeu e
escreveu algumas de suas obras mais relevantes. Depois de Sils Maria, nos anos vindouros, Jaspers se encaminhará para a formação
médica, para a psiquiatria e finalmente para a filosofia.

Pois bem, trouxe comigo o leitor por entre os fatos da vida de
Karl Jaspers porque acredito que estes permitem avançar sobre o
conceito de vocação. Em primeiro lugar, sua história ajuda a evitar
o ponto de vista de que a vocação é um fenômeno essencialista, natural, com o qual se nasce ou não se nasce, e que vai se desenvolver

sem a interferência do indivíduo e da cultura humana. Ou seja, não a vejo como um instinto que vai se manifestar automaticamente e que evoca alguma resposta que já se encontra pré-formada – como os pássaros do norte, programados biologicamente para voar ao sul durante o inverno. Prefiro deixar o fenômeno caraterizado como uma fonte potencial, que, influenciada por elementos internos e externos ao indivíduo, pode ou não achar meio de se expressar mediante alguma atividade. A vocação existe dentro de alguém como um olho d'água que tenciona encontrar pertuitos para brotar, que escava lentamente as superfícies e barreiras até poder escorrer por algum curso, e talvez formar um rio. A partir desse ponto de vista, as escolhas e as circunstâncias de cada indivíduo podem obstruir ou facilitar esse fluxo.

Também quero apontar o elemento que penso ter sido determinante na crise vocacional pela qual passou Jaspers nesse início de sua vida adulta: a possibilidade de tolerar a experiência da *estar só*. Mudar-se para longe de casa. Afastar-se da voz de seu pai e de seus sucedâneos. Viver o ambiente universitário. O isolamento nos alpes. Principalmente: *ver-se diante da morte*. Em todas essas vivências está colocada, em maior ou menor grau, a experiência da solidão. Há quem faça distinção entre solidão e solitude, sendo o primeiro um estado de sofrimento e o segundo um estado de privacidade e intimidade consigo mesmo. Penso que tal separação é enganosa, porque o estar só aparenta ser uma fusão desses dois elementos. Quem se encontra pressionado a perseguir algo está irremediavelmente só, e o quanto se pode aguentar esse estado determinará até onde um indivíduo conseguirá ir em busca de si mesmo.

Talvez Jaspers tenha destilado esse conhecimento adquirido na juventude em seu ensaio filosófico "O indivíduo e a solidão" (1915/1983) – escrito logo após sua recusa em ficar na clínica

222 POR QUE PSIQUIATRIA?

psiquiátrica de Heidelberg, num rumo solitário, singular para dentro da filosofia. O começo do texto diz:

> Ser um "eu" é ser solitário. Aquele que diz "eu" estabelece distância e desenha um círculo em torno de si mesmo. A tarefa da solidão é a tarefa do "eu". Apenas onde existem indivíduos pode haver solidão. No entanto, onde existem indivíduos, existem ambos: o prazer na individualidade, e, portanto, o impulso em direção à solidão, e o sofrimento com a individualidade, e, portanto, o impulso para longe da solidão. Nesse processo, não importa se alguém é um indivíduo, mas sim se alguém se sente e se sabe um indivíduo ... Solidão existe apenas quando um ser humano confronta sua existência social com aquela de um indivíduo consciente de si e que é, de alguma forma, autônomo e responsável por si próprio. Isso apenas se dá uma vez que esse indivíduo, ao mesmo tempo e conscientemente, confronta conteúdos, demandas, verdades e esforços (o mundo do que é objetivo). Solidão existe apenas quando o indivíduo, em contraste com sua existência botânica, enraizada, inerte, totalmente determinada, entra em um processo de flexibilidade animal para confrontar as variadas possibilidades da existência: por um lado a desejada, heroica solidão do ser humano que conquista e cumpre seu destino apesar da sociedade, apesar do mundo de demandas materiais, apesar de "Deus" e, por outro lado, há a solidão sofrida, involuntária, da qual o ser humano busca escapar. (Jaspers, 1915/1983, pp. 390-391, trad. minha)

Prova de residência

Interrompo aqui esta breve investigação fenomenológica sobre a vocação para explorar suas implicações na prova de residência médica de nosso departamento (Departamento de Psiquiatria do Instituto de Psiquiatria do Hospital das Clínicas da Faculdade de Medicina da USP), e também, de forma mais abrangente, em qualquer processo seletivo como um todo. É possível que não exista o fenômeno vocacional, ou seja, que este trabalho esteja apoiado sobre uma suposição enganosa? Sim – a abordagem científica deve estar aberta a todas as possibilidades conforme elas se apresentem. Se evidências suficientes se impuserem contra essa linha de pesquisa, estou disposto a abandoná-la por completo e seguir por outro caminho. No entanto, se houver alguma consistência e verossimilhança na ideia apresentada de vocação, isso traz sérias implicações éticas e técnicas ao trabalho de seleção de médicos residentes (e aos diversos processos seletivos de outras áreas também). Seguem algumas questões sobre tais implicações.

Existe algum método para que a vocação possa ser objetivamente constatada e dimensionada?

Acredito que é fundamental responder *não* a esta pergunta. E a negativa não se refere a um posicionamento militante ou a qualquer tipo de crença, mas simplesmente como consequência do trabalho fenomenológico desenvolvido no início deste capítulo. Se existir, a vocação é um fenômeno psíquico profundo, plástico, sombrio, esguio, de difícil apreensão mesmo para o sujeito que é pressionado por ela. A consequência imediata disso é que não podemos contar com a colaboração direta dos indivíduos na avaliação de suas vocações. A pergunta "Qual é, ou qual você acha que é, a sua vocação?"

224 POR QUE PSIQUIATRIA?

nunca pode ser respondida adequadamente. Ela precisará ser adivinhada, reconstruída por meio da criatividade e da capacidade imaginativa de cada observador. E aquilo que for imaginado nunca poderá ter o lastro da verdade científica. Será, no melhor dos casos, um bom palpite. Como exemplo, tomemos o caso de um candidato que foi questionado sobre a pobreza de seu currículo durante o processo seletivo:

> "Fulano, seu currículo não tem muitas informações. O que você fez com o seu tempo durante a faculdade?"

> "Vocês estão vendo esse recorde de uma prova de natação que está no fim da última página? Então, foi isso que eu fiz durante a faculdade. Eu precisei treinar na hora do almoço, cinco dias por semana, durante os seis anos da faculdade para conseguir fazer esse tempo."

É curioso o fato de que essa informação não se relacionava em absoluto com a área na qual ele estava pleiteando sua aprovação. Nadar está a léguas de distância do ofício médico. Mas, quando estamos tateando uma vocação, os conteúdos parecem ser menos importantes do que a forma. Neste exemplo, o que se lança ao primeiro plano é a intensidade do comportamento, do envolvimento e da dedicação a determinada atividade – seja ela qual for. Porque, como vimos anteriormente, as vocações não se encontram soldadas a determinadas profissões. Não há vocação médica. O que se supõe existir são forças psíquicas poderosas que podem escavar seu curso por entre diversas áreas da cultura humana, como a psiquiatria. E é exatamente por esse mesmo motivo que devemos ter certo cuidado ao propor critérios de pontuação para o currículo e em sua arguição. Do ponto de vista vocacional, um currículo conteudista pode ser enganoso porque o que queremos examinar não é apenas a lista total de atividades realizadas. Devemos tentar sondar se existem pressões que arrastam o candidato sobre algum campo ou atividade de conhecimento, mesmo que esse campo esteja longe da psiquiatria naquele momento. Nada contra um currículo já voltado para a área, mas acredito que isso nos diz pouco sobre o pretendente. Penso que não devemos buscar por internos-psiquiatras, mas sim por pessoas que não poderiam viver sem praticar algum aspecto de nosso amplo ofício. Na mesma linha de reflexão, devemos cuidar de nossos preconceitos sobre aqueles candidatos que trocam de programas de residência ou mesmo de profissão – independentemente de quão longe essas outras opções possam estar da psiquiatria. Não é raro que essas pessoas sejam taxadas de "perdidas" ou "sem vocação". Volto a insistir: suponho que não existe vocação psiquiátrica. O que pode existir é uma vocação que venha ou não a se expressar por meio da psiquiatria. É essencial lembrar aqui o exemplo de Jaspers. Sua força vocacional passou pela psiquiatria (inclusive nos deixou uma obra incomparável nessa passagem), e depois pela filosofia, não sendo psiquiátrica ou filosófica em essência – apenas em passagem.

Em todos esses casos, estamos tentando lidar com um outro aspecto problemático sobre a vocação, o qual fica em segundo plano. Vimos que o fator tempo é crucial para o esclarecimento da vocação, e que muitas vezes ela só pode ser observada com mais nitidez depois de transcorrida uma boa parte de nossas vidas, em um tempo *a posteriori*. Na seleção não podemos contar com esse recurso, uma vez que recebemos para a entrevista e análise de currículo os candidatos que, em sua maioria, estão no início de sua vida adulta. Assim, precisamos encarar este paradoxo – o de construir um palpite sobre um indivíduo jovem que seja o menos aleatório possível, uma espécie de futurologia fundamentada. Fazer

226   POR QUE PSIQUIATRIA?

com que o candidato possa chegar, com seus próprios recursos, a narrativas sobre si como aquela do exemplo citado é uma habilidade que incluo no que considero ser a criatividade e a imaginação do entrevistador. Estamos em um terreno onde fórmulas e roteiros não poderão oferecer ajuda. No caso do nadador, fica claro que em sua história se manifesta a intensidade de uma força física e mental. Para além do recorde obtido, chama a atenção sua dedicação, sua disciplina. Será que essa mesma força poderia ser transferida, de forma a escavar um novo pertuito por meio de seu trabalho como médico especialista? Essa área de conhecimento como um todo e ele mesmo não sairiam ambos beneficiados se isso acontecesse? Junto com sua forte motivação e proatividade durante aquela entrevista, este não seria um bom palpite?

Devemos obstruir o acesso ao programa de residência de um indivíduo no qual não conseguimos constatar uma vocação?

Minha resposta é um sonoro *não*. Em primeiro lugar, é necessário termos em mente que se não conseguimos detectar o chamado vocacional em um indivíduo, isso não significa que ele não esteja lá. Como entrevistadores, somos sempre míopes. Por melhor que transcorra uma entrevista, nossa opinião é apoiada em um brevíssimo recorte de uma toda uma vida. Lembremos novamente de Jaspers: o ser humano é sempre mais do que as informações que conseguimos reunir sobre ele! Além disso, vimos que vocação pode ser um fenômeno plástico, que pode vir a se organizar não antes, mas ao longo de um programa de residência médica, por meio dos estímulos oferecidos por tal curso de formação. De qualquer forma, a maior parte do processo seletivo ignora a presença ou a ausência de um motor vocacional, permitindo acesso às vagas para além desse quesito.

Mas há um problema que se abre a partir deste ponto: quais são as implicações de uma prática profissional que não esteja apoiada sobre uma vocação? Se ela não se apoia sobre uma vocação, sobre o que se apoia? Conforto material? Amor da glória, como no caso de Brás Cubas e o emplasto? Pressão dos pais, como Jaspers no direito? Curiosidade intelectual ou *hobbie*? O programa de residência médica pode mesmo despertar e organizar uma vocação? Em quais circunstâncias? A prática sem vocação é menos legítima do que aquela com vocação? O trabalho realizado apresentará menor qualidade? Pacientes serão prejudicados? Diante dessas questões, tenho certa segurança apenas sobre uma: acho que a inclinação de um sujeito sempre deve ser respeitada como legítima, seja como for. De resto, ainda não sei como me aproximar dos problemas espinhosos que se apresentam. De qualquer forma, penso que a nós, entrevistadores, cabe, em primeiro lugar, o respeito. Frente a esse tipo de situação, não precisamos oferecer estímulos (pontos) aos candidatos, mas também não nos cabe obstruir o livre-arbítrio de um indivíduo que se mostrou competente nas provas objetivas. Isso seria arrogante e onipotente. Quem pode prever o futuro?

Por outro lado, se a banca tem um palpite de que existe tal força de arraste em um candidato, ele deve receber pontos por isso?

O percurso deste artigo me faz responder que *sim*. Se uma dada força da natureza humana existe e pode se expressar por meio de nossa área de conhecimento, acredito que tanto o psiquiatra quanto a psiquiatria poderão sair enriquecidos desse tipo de situação. É o caso de Rilke e a poesia, Glenn Miller e a música, Winnicott e a pediatria/psicanálise, Jaspers e a psiquiatria/filosofia etc.

Atualmente, a ideia de vocação parece não ser levada em conta nos processos seletivos. Talvez pela dificuldade em sua apreensão,

228 POR QUE PSIQUIATRIA?

talvez pelo medo jurídico que paira sobre um concurso tão importante, a ideia foi suprimida de nosso departamento. Atualmente, o termo "vocação" não é citado uma única vez em todo o edital[1]. E quais critérios nosso Departamento de Psiquiatria tem valorizado? No formato de hoje, os candidatos disputam um total de 100 pontos: 50 pontos na prova teórica, 40 pontos na prova prática e 10 pontos na análise de currículo e arguição. A Comissão de Residência Médica (COREME) oferece liberdade a cada departamento para criar critérios e distribuir estes últimos 10 pontos. Nos últimos anos, nossas bancas de entrevistadores optaram pela seguinte distribuição: 3 pontos pela instituição de origem, 3 pontos pelas atividades presentes do currículo e 4 pontos pela entrevista presencial junto a cada candidato. Os critérios que usamos para distribuir esses 4 pontos na entrevista são: coerência com o *curriculum vitae* apresentado, clareza e objetividade.

Se olharmos para a figura maior, veremos que tal julgamento subjetivo sobre cada indivíduo representa a pequena parcela de 4% da nota total. No entanto, não nos deixemos enganar pelo número absoluto. Em 2018, entre os pretendentes à área de psiquiatria, foram aprovados os 19 primeiros colocados. A distância entre o 19º e o 20º colocados foi de 0,49 ponto, e a distância entre o 20º e o 23º colocados, de 0,47 ponto. Nesses casos particulares podemos observar a imensidão representada mesmo por um único ponto entre os cem possíveis. Precisamos de uma lente de aumento para poder perceber a diferença entre quem começa o programa de residência em março e quem irá voltar a estudar para a prova ao longo do ano. Assim, reconhecemos a importância de cada fração de ponto no processo de seleção.

---

1 O edital pode ser consultado eletronicamente: https://www.tekyou.com.br/fmusp/selecao2021/editais/FMUSP21-Acesso_Direto.pdf.

Chegando ao final deste artigo, quero agora propor três medidas objetivas que poderiam refinar o trabalho de seleção. Essas propostas são a continuidade pragmática da reflexão apresentada ao longo do texto:

- Encontros regulares (ao menos anuais) entre os componentes da banca de entrevistadores. O objetivo é progredir nesta reflexão inicial sobre a vocação e refletir constantemente sobre os princípios da seleção e sobre o acompanhamento dos médicos residentes já selecionados em anos anteriores.

- Aumentar o número de pontos destinados ao momento presencial da entrevista, que atualmente é de 4 pontos. Algumas especialidades, como a medicina de família e comunidade, por exemplo, reserva 6 pontos para esse momento do concurso.

- Incluir o conceito de vocação no edital como critério a ser pensado e usado criativamente nas entrevistas. Na seção reservada ao nosso departamento, poderia constar: "vocação, coerência com o *curriculum vitae* apresentado, clareza e objetividade".

Por fim, a proposta de mudança na ideologia e na política de notas não busca apenas a justiça do processo seletivo, mas também um propósito mais amplo. Porque é fundamental que diversos indivíduos encontrem vazão de suas vocações dentro das diversas áreas do saber. Sem outros Rilkes, Winnicotts e Jaspers, estaremos fadados à repetição dos mestres, e o nosso campo de conhecimento se tornará estéril. A clínica será uma mera aplicação de teorias ultrapassadas, o ensino será a transmissão de dogmas e não haverá pesquisa. São aqueles que não podem viver sem exercer a psiquiatria os responsáveis pelo futuro dela.

Referências

Assis, M. (1992). *Memórias póstumas de Brás Cubas*. Rio de Janeiro: Nova Aguilar, 1994. (Trabalho original publicado em 1881).

Assis, M. (2000). *O alienista*. São Paulo: Ática. (Trabalho original publicado em 1882).

Jaspers, K. (1968). *General psychopathology*. Chicago: University of Chicago Press. (Trabalho original publicado em 1913).

Jaspers, K. (1964). *Autobiografía filosófica* (P. Simon, Trad.). Buenos Aires: Editorial Sur. (Trabalho original publicado em 1958).

Jaspers. K. (1983). Individuum und Eisamkeit. *Revue internationale de philosophie, 37*(147), 390-409. (Conferência proferida entre 1915-1916).

Kirkbright, S. (2004). *Karl Jaspers. A biography. Navigations in Truth*. New Haven/London: Yale University Press.

Millan, L. R. (2005). *Vocação médica, um estudo de gênero*. São Paulo: Casa do Psicólogo.

Rilke, R. M. (1985). *Cartas a um jovem poeta* (P. Rónai, Trad., pp. 15-77). Rio de Janeiro: Globo. (Trabalho original publicado em 1929).

Sófocles (1990). *Trilogia tebana: Édipo Rei, Édipo em Colono e Antígona*. Rio de Janeiro: Zahar. (Trabalho original de *c*. 427 a.C.).

Viñar, M. (2017). Sobre a admissão no instituto. *Jornal de Psicanálise, 50*(93), 293-299. (Trabalho original publicado em 2002).

Winnicott, D. W. (1989). A contribuição da mãe para a sociedade. In D. W. Winnicott, *Tudo começa em casa* (P. Sandler, Trad., pp. 117-122). (Trabalho original publicado em 1957).

GRÁFICA PAYM
Tel. [11] 4392-3344
paym@graficapaym.com.br